폴란드 역사
-당신이 몰랐던 동유럽의 대국-

와타나베 가츠요시 지음 | 서민교 · 정애영 옮김

AK

일러두기

1. 이 책에 나오는 외국 지명과 외국인 인명은 국립국어원 외래어 표기법에 따랐다.

2. 본문의 각주는 모두 옮긴이가 추가한 것으로 독자의 이해를 돕기 위해 비교적 상세히 달았다.

3. 서적 제목은 겹낫표(『 』)로 표기하였으며, 그 외 인용, 강조, 생각 등은 작은따옴표를 사용하였다.

4. 역자명이 없는 번역문은 원칙적으로 저자에 의한 번역(또는 감역)이다.

서문

    폴란드[1]는 유럽에서는 소국이 아닌데도 왠지 오해받기 쉬운 나라인 듯하다. 폴란드인들은 자신들이 네덜란드인이라고 자주 오해받는다고 한다. 이는 영어의 폴란드와 홀랜드[2]가 비슷해서일 것이다. 한편 일본에서는 폴란드는 포르투갈과 자주 혼동되어 쓰이곤 한다. 1543년 다네가시마種子島에 표착한 서양인이 포르투갈 사람이었다는 것을 학교의 역사교육에서 강조했던 것이 중요한 이유일지도 모르겠다.

---

1) 폴란드공화국(Rzeczpospolita Polska), 통칭 폴란드는 중앙 유럽에 위치하는 공화국으로 유럽연합(EU)과 나토(NATO) 가맹국이며 수도는 바르샤바이다. 면적 약 31만 ㎢가 조금 넘고 인구는 약 3,784만 명이다. 폴란드의 국명인 '폴스카'는 초원을 의미하는 '포오레'에서 비롯되었다고 한다.

폴란드는 '분할과 통합'이 반복되는 역사를 걸어왔다. 10세기경에 국가로 인정이 되었고 16~17세기에 폴란드·리투아니아공화국을 형성하여 유럽에서 손꼽히는 대국이 되었다. 그러나 18세기에는 세 번에 걸쳐 외국에게 분할된 끝에 소멸하여(=폴란드분할) 그 후 123년간 외국의 지배를 받게 되었다.

제1차 세계대전이 끝난 1918년에 독립을 회복하였지만, 제2차 세계대전 당시 나치 독일과 소련에 의해 침략을 당해 다시 분할되었다(=폴란드 침공). 1952년 폴란드인민공화국으로 주권을 회복했으나 실질적으로는 소련의 위성국가였다. 1989년 민주화 과정을 통해 현재의 폴란드공화국이 되었다.

2) 홀랜드(Holland)는 네덜란드의 속칭으로 스페인 지배에 저항해서 일어났던 팔십년전쟁(1568~1648) 당시 중요한 역할을 담당했던 홀랜드주의 명칭에서 유래했다고 한다. 공식 국명은 네덜란드(the Netherlands)이다. 일본에서는 오란다(和蘭,和蘭陀)라고 음역해서 표기하고 있다.

폴란드는 '평소에는' 주목받는 일이 거의 없다. 실제로 일본의 미디어에서는 몇 달에 한 번도 보도가 없는 것이 보통이다. 보도가 있어도 해프닝 정도의 것이 대부분이다.

이처럼 폴란드는 우리에겐 그리 익숙하지 않으나 폴란드의 역사는 일본 역사와는 전혀 다른 이야기로 가득 찬 역사를 지닌, 매우 흥미로운 나라이다.

폴란드는 비극적인 역사를 가진 곳으로 알려져 있다. 러시아·프로이센·오스트리아에 의한 삼국 분할의 결과 1795년부터 1918년까지 123년 동안 독립을 상실하였다 (6쪽의 지도 4를 참조). 독립을 회복하여 자유를 구가한 것도 잠시, 제2차 세계대전 발발로 히틀러의 나치 독일과 스탈린의 소련에 의해 조국이 분단되어 그야말로 고난의 역사를 걸어가게 되었다. 아우슈비츠의 비극도 이 시대에 일어났다. 제2차 세계대전 후에는 다시 독립국이 되었으나 소련의 간접 통치가 반세기 이상 이어졌다. 이처럼 폴란드의 비운은 그 지정학적 위치 및 지리적 형상에서 비롯되었다. 즉 자연 요새라 할 말한 것이 없는 평탄한 국토에 초강대국에 둘러싸인 지리적 상황이 국토의 유린으로 이어졌던 것이다.

폴란드역사는 '저항과 좌절'이라는 말로도 자주 설명된다. 말 그대로 독립을 상실했던 시대에도 폴란드 사람들은 억압에 대해서 참고 있지만은 않았다. 이 나라의 역사를 들여다보면 '봉기'라는 이름이 붙은 사건이 자주 눈에 띈다. '저항'이야말로 폴란드사의 키워드라 할 것이다. 그러나 동시에 봉기는 매번 실패하고 그 후 '좌절'로 이어지는 것 또한 폴란드적이었다. 그렇지만 가혹한 운명과 싸워 이겨낸 불굴의 정신을 갖추고 있는 폴란드 국민의 역사에 감동하지 않을 우리 국민은 없을 것이다.

거슬러 올라가보면 폴란드는 중세 시대에는 유럽에서 손꼽히는 대국이었다. 오늘날에도 면적과 인구 (특히 청년인구) 면에서 엄청난 잠재력을 가진 존재이다.

폴란드 역사가 비극으로만 채색된 것도 아니고 장래의 전망이 없는 것도 결코 아니다.

폴란드 태생의 위인들은 일본에서도 잘 알려져 있는 인물이 의외로 많다. 지동설을 주장한 코페르니쿠스, 피아노의 시인 쇼팽, 두 번이나 노벨상을 수상한 마리아 스쿠워도브스카 퀴리(퀴리 부인), 제264대 로마교황 요한 바오

① 폴란드 왕국의 여명기
(10~11세기)

② 카지미에시 대왕의 통치 시대
(14세기 후반)

③ 폴란드-리투아니아 연합왕국
(16세기 후반)

④ 폴란드분할 후
(1795~1918년)

⑤ 세계대전 중간 시기
(1918~1939년)

⑥ 제2차 세계대전 후
(1945년 이후)

로 2세, 자주관리노조 '연대' 위원장(나중에 대통령 당선) 바웬사의 이름 정도는 누구라도 들어보았으리라. 노벨문학상 수상자인 시엔키에비치나 미워시, 심보르스카의 작품을 읽어본 사람도 있을 것이다.[3] 스타니스와프 렘의 SF를 애독하고 있는 사람도 틀림없이 있을 것이다. 국제공통보조어인 에스페란토어에 대해서도 들어본 적이 있는 사람이라면 그 창안자인 자멘호프가 제정러시아 지배하의 폴란드의 도시 비아위스토크 출신임을 알지도 모른다. 영화광이라면 바이다, 카바레로비치, 키에슬로프스키, 스콜리모프스키, 폴란스키, 홀란트 등 저명한 감독을 몇 명이라도 댈 수 있을 것이다.[4]

---

3) 폴란드 국적자로서 노벨문학상 수상자는 5명이나 된다. 헨리크 시엔키에비치(1905)를 시작으로 브와디스와프 레이몬트(1924), 체스와프 미워시(1980), 비스와프 심보르스카(1996) 그리고 『태고의 시간들』로 유명한 올가 토카르추크가 2019년에 노벨문학상을 수상하였다.

4) 스탈린 체제가 들어서면서 폴란드 영화계는 위기에 처하게 된다. 이때 등장한 것이 폴란드 학파로 불리는, 폴란드 뉴웨이브였다. 이들은 네오리얼리즘에 영향을 받은 안제이 바이다나 보이치에흐 하스, 예지 카바레로비치 같은 감독은 폐허가 된 조국의 현실을 고찰하고, 현실을 반영하려는 시도를 보였다. 특히 로만 폴란스키는 폴란드 학파가 배출한 세계적인 감독이다. 특히 안제이 바이다의 초기작 <재와 다이아몬드>는 전후 폴란드 영화의 시금석으로 평가받는다.

폴란드 학파의 영화에 감명을 받고 영화계에 투신한 젊은이들이 늘어나기 시작했다. 폴란스키의 동료로 시작해 정치적 불만족과 욕망을 영화에 투영한 예지 스콜리모프스키, 사실주의와 여성주의를 표방한 아그니에슈카 홀란트, 도덕과 신념과 가치관에 대한 고찰을 담은 영화를 만든 크쥐시토프 키에슬로프스키, 그로테스크한 호러와 광기로 폴란드의 암울한 과거를 다룬 안드레이 줄랍스키가 1960년대부터 데뷔를 준비하거나 본격적으로 데뷔했다. 폴란드 학파와 이후 감독들은 국제영화제에 소개되면서 파란을 불러일으켰고 국제적으로 성공을 거뒀다. 지금도 폴란드 영화는 세계적으로 팬이 많다. 아예 마틴 스콜세지가 이 시기 폴란드 영화들을 발굴, 복원하는 프로젝트도 만들었을 정도이다.

일본과 폴란드 사이에는 역사적 비화도 많은 편이다. 후쿠시카 야스마사福嶋安正 당시의 소좌(=소령)[5]가 1892년부터 이듬해에 걸쳐 베를린에서 블라디보스토크까지 말한 필로 횡단하자 일본 문학자인 오치아이 나오부미落合直文[6]는 장편시 〈기마여행騎馬旅行〉을 완성하였는데 그 가운데 '폴란드 회고波蘭懷古' 부분은 애절한 멜로디의 군가로 만들어져 불리어졌다. 가사에는 다음과 같은 구절이 있다.

독일 국경도 지나 러시아 국경에 다다랐는데

추위는 점점 매서워지고 안 내리는 날이 없는 눈송이여

허물어져가는 마을에 이르러 이곳이 어디인가 물었더니

5) 1852~1919, 일본 메이지, 다이쇼 시대의 육군 군인으로 최종 계급은 대장. 마츠모토 번(현 마츠모토시) 출신으로 메이지유신 후 육군성에 들어가 정보장교로 활동하며 조선, 만주, 몽골 방면 등을 조사하였다. 1887년에는 재독일 일본대사관 무관이 되어 헝가리를 시찰하였고 시베리아철도의 중요성을 의식하여 착공한 지 얼마 되지 않은 시베리아철도의 상황을 시찰하고자 1892년 2월부터 베를린에서 시작하여 폴란드, 러시아, 몽골 등 1만㎞ 이상을 말 한 필로 횡단을 감행하였다. 청일전쟁 때는 제1군 참모, 전후에는 다시 유럽과 아시아를 탐험 여행하였고 러일전쟁 시는 만주군 참모를 거쳐 관동주 도독으로 승진하였다. 그의 모험적인 여행이야기는 '단기(單騎) 단독 시베리아 횡단'의 제목으로 다양한 매체를 통해 소개되면서 대중에게도 큰 영향을 미쳤으며 많은 군가를 만든 것으로도 유명하다.
6) 1861~1903 일본의 근대 시인이자 일본 문학자이며, 조선어 학자로 유명한 아유가와 후사노신鮎貝房之進의 형이다. 도쿄대 고전과를 중퇴하고 고쿠가쿠인대학 등에서 교편을 잡으며 단가의 개혁에 힘써 일반인들에게도 쉬운 단어로 시를 지어 귀족이나 노인들의 전유물이었던 일본 고유의 와카를 젊은이들에게 친근한 장르로 만드는 데 많은 노력을 기울였다. 그의 문하에서 요사노 아키코与謝野晶, 이시가와 타쿠보쿠石川啄木, 기타하라 하쿠슈北原白秋 등 근대 일본을 대표하는 걸출한 문인들을 배출하였고 낭만주의적 근대 단가의 원류를 만들었다는 평가를 받고 있다.

듣기만 해도 가련하다 그 옛날 망해버린 폴란드

 러일전쟁이 발발하자 피우수트스키[7]와 드모프스키[8]라
는 정치적으로 적대하는 두 명의 지도자가 멀리서 일본을
찾아와 일본의 당국자에게 각자의 입장을 피력하였다.
 1920년과 22년에는 시베리아 잔류 폴란드인 고아(총 765
명)들이 일본적십자사 등의 협력으로 본국으로 송환되는
일이 있었다. 고아들은 1월 봉기(1863~64년) 등으로 시베리
아 유형에 처해졌던 사람들의 후예이다. 고아들의 일부
는 조국으로 돌아간 뒤 '극동청년회'를 조직하여 일본대
사관과 교류하는 등 일본과의 친선을 돈독히 하였다.
 '6천 명의 생명의 비자'로 알려진 외교관 스기하라 치우
네杉原千畝[9]는 폴란드인들을 통하여 많은 중요 정보를 입
수하고 있었다. 주스웨덴 일본공사관 소속 무관인 오노

7) 유제프 클레멘스 피우수트스키(1867~1935)는 폴란드의 독립운동가, 군인, 독재 정치가
이다.
8) 로만 스타니스와프 드모프스키(1864~1939)는 폴란드의 정치가. 폴란드 민족주의의 아
버지로 불리기도 한다.
9) 나치 독일의 박해를 피해 폴란드로부터 도망 온 6천 명에 가까운 유대인 난민에게
'생명의 비자'를 발급하여 일본판 쉰들러로 불리는 일본의 외교관이다. 와세다대학 재
학 중 외무성 관비유학생에 선발되어 하얼빈에 파견된 뒤 러시아 지역 전문가로 양성
되었다. 만주국 주재 영사를 거쳐 1937년에 핀란드공사관에 근무하다 2차 대전 중에
리투아니아의 카우나스 영사로 부임하였다. 1940년 7월에서 8월에 걸쳐 자격을 갖춘
난민에게만 비자를 발급하라는 본국의 지령을 무시하고 인도적 차원에서 다량의 비자
를 발급하여 유대인 난민들이 시베리아철도로 일본을 경유하여 제3국으로 망명하는
것을 도운 것으로 유명하다.

데라 마코토小野寺信도 또한 폴란드인 간첩으로부터 얻은 정보를 중시하고 있었다.

영화감독인 안제이 바이다는 1944년 크라쿠프에서 대부호 필릭스 야셴스키가 모집한 일본 미술품을 보고 감명을 받았다. 이것이 이후 감독의 일본미술기술센터 만화관(현재의 일본미술기술박물관『만화』관) 건립으로 이어졌다.

이 책은 일반인들을 대상으로 쓴 폴란드 역사 개설서이자 입문서이다. 특별한 예비지식 없이도 끝까지 읽을 수 있도록 평이하게 쓰고자 노력하였다. 본서에서는 현대사 서술에 많은 지면을 할애하였는데 이는 오늘날의 폴란드의 모습에 직접 영향을 끼치고 있는 것이 바로 현대사라는 판단도 있으나 동시에 필자가 현대사를 전공한 것과도 무관하지 않다.

우리 나라에는 폴란드 역사서가 여러 권 간행되어 있고(책 뒤의 주요 참고문헌 참조) 모두 개성적이며 뛰어나 이 책이 옥상옥屋上屋이 되지 않기를 바랄 뿐이다. 이 책으로 폴란드사의 개요를 파악한 다음에는 다른 문헌도 꼭 읽어서 지식을 심화시켰으면 하는 바람이다.

목차

폴란드 지도

발트해

그디니아
소포트
그단스크(단치히)

말보르크

슈체친

독일

베를린 ◎

니사강(나이세강)

오드라강
(오데르강)

비스와강

헤움노

비드고슈치

토룬

포즈난

그니에즈노

칼리시

레그니차

브로츠와프

쳉스토호바

카토비체

오시비엥침
(아우슈비츠)

프라하 ◎

체코

러시아(국외영토)

엘블롱크

리투아니아

빌뉴스

수바우키

벨라루스

비아위스토크

오스트로웽카

프워츠크

트레블린카

바르샤바

시에들체

우치

라돔

루블린

소비부르

마이다네이크

키엘체

스타로바·볼라

베우제츠

크라쿠프

노바·후타

우크라이나

슬로바키아

서 장

왕국의 여명기

초기 피아스트 왕조

7세기경부터 현재의 폴란드에 해당하는 곳에 정주하여 농경을 영위한 몇 개의 부족이 나타나기 시작하였다. 그들 부족 중 비엘코폴스카(오데르강 지류인 바르타강 유역. 중심 도시는 그니에즈노와 포즈난)에 정주한 폴라니아족과 마오폴스카(폴란드 남부. 중심 도시는 크라쿠프)에 정주한 비시라니에족이다. 그러나 후자는 875년경에 모라비아(현재의 체코 동부)의 지배로 들어갔다.

보라니에족의 군주 미에슈코 1세(재위 960년경~992년)는 주변의 여러 부족을 통합하여 정치적 통일을 달성하였다. 12세기에 편찬된 폴란드 최초 연대기인『익명의 갈 연대기』에 의하면 공가公家는 피아스트를 시조로 시에모비트, 레셰크, 시에모미수의 3대를 거쳐 미에슈코 1세부터이다(미에슈코부터 시작되는 폴란드 왕가의 간단한 계보도는 20쪽 참조). 966년 미에슈코는 기독교를 수용하는데『연대기』는 미에슈코의 '개종'을 다음과 같이 전하고 있다.

그때에도 여전히 잘못된 이교의 가르침에 싸인 채 자국의 관습에 따라 방탕하게도 7명의 아내를 두고 있었다. 그 후 돈부르흐카라는 이름의 돈독한 기독교인인 보헤미아의 여자에게 청혼하였다. 그러나 그녀는 미에슈코가 잘못된 관습을 버리길 원해 기독교도가 될 것을 서약하지 않는다면 결혼에 응하지 않겠다고 말하였다. 이에 미에슈코가 이교의 관습을 버리고 기독교 신앙의 성사를 받아들이기로 동의하자 그 기품 있는 그녀는 성속의 신하들을 대동하고 장엄하게 폴란드로 들어왔다.

(아라키 가트荒木勝 번역)

이때 미에슈코 1세는 바이에른 공국의 성직자에게 세례를 받았는데 이는 동방 포교를 목적으로 하는 작센 공국(현재의 독일 북부에 소재. 남부의 바이에른과 대립하고 있었다)의 성직자의 지휘를 받지 않겠다는 의사를 보이는 것이었다.

미에슈코 1세의 아들 볼레스와프 1세(용감한 공작 [勇敢公]. 재위 992~1025)는 1000년에 그니에즈노에 대주교좌를 두고, 폴란드가 독립된 교회 조직을 갖출 의사를 표명하였다. 또 그는 보헤미아 왕국(현재의 체코 서부)의 수도 프라하로 원정을 떠나 이 지역을 지배하에 두었다. 그러나 이로 인해 3차에 걸쳐 신성로마제국과의 전쟁(1003~1018)을 치를 수밖에 없었고 이사이 포모제(발트 연안 지방)는 폴

폴란드 왕가 계보도

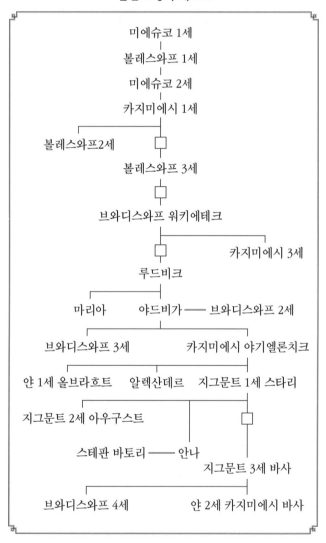

미에슈코 1세

볼레스와프 1세

미에슈코 2세

카지미에시 1세

볼레스와프2세   볼레스와프 3세

브와디스와프 워키에테크

카지미에시 3세

루드비크

마리아   야드비가 —— 브와디스와프 2세

브와디스와프 3세   카지미에시 야기엘론치크

얀 1세 올브라흐트   알렉산데르   지그문트 1세 스타리

지그문트 2세 아우구스트

스테판 바토리 —— 안나

지그문트 3세 바사

브와디스와프 4세   얀 2세 카지미에시 바사

란드의 지배로부터 벗어날 수 있었다. 1018년에 브지신 (바르샤바 근교 지방)에서 화약을 맺고 볼레스와프 1세는 정복지의 일부를 유지하였다. 1025년에는 그니에즈노에서 폴란드 왕으로서 대관식을 거행하였다.

다음의 미에슈코 2세(재위 1025~34)는 왕국의 유지에 실패하고 1031년에 보헤미아로 망명하였다가 이듬해 귀국하였다. 1034년에 미에슈코 2세가 사망하자 농민반란이나 보헤미아군의 습격 등으로 폴란드는 혼란의 시기를 맞이하였다. 그러나 카지미에시 1세(부흥공, 재위 1034, 1039~58) 때 다시 재흥의 시기를 맞았다. 그는 재위 중(1040년경)에 크라쿠프로 천도하였고 볼레스와프 2세(호담공豪膽公, 재위 1058~79)의 시대에 이르러 교회 제도도 재흥되어 드디어 안정기에 접어들었으나 이 안정도 오래가지 못하였다.

볼레스와프 3세(구곡공口曲公, 재위 1102~38)의 치세 때 폴란드에 대한 종주권을 둘러싸고 신성로마제국과 다투면서 (1109년) 또 다시 혼란에 빠졌다. 포모제를 탈회했으나 결국은 폴란드 전체를 제국의 봉토로 인정하지 않을 수 없게 되었다. 볼레스와프 3세는 다섯 명의 아들에게 나라를 분할해주어 정치적 통일은 오랫동안 이루어지지 않았다.

13세기 이후에 이민족의 침입이 이어진 것도 폴란드 통일의 불운으로 작용하였다. 그중 하나는 타타르(몽골군)에 의한 것으로 몽골군은 실롱스크(폴란드 남서부 지역)의 레그니차까지 쳐들어와 국토를 유린하고 철수하였다.

숙적 독일기사단

13세기의 폴란드에 있어 독일기사단은 최대의 위협이었다. 이 기사단은 제3차 십자군원정(1190년) 때 창설되었다. 마조프셰 콘라드(마조프셰의 중심 도시는 바르샤바)는 1226년 발트해 연안의 이교도인 프로이센인이나 리투아니아인을 기독교로 개종시키기 위해 기사단을 영입하였다. 1230년에 기사단은 헤움노나 토룬 같은 도시를 연이어 만들며 폴란드를 압박하였다. 독일기사단은 1237년에 도검기사단(리보니아기사단, 리보니아는 현재의 라트비아에서 에스토니아에 걸친 지역)과 합동하며 더욱 강대해졌다.

1320년 브와디스와프 워키에테크(재위 1320~33)가 크라쿠프에서 폴란드 왕으로 즉위하며 재통일의 기운이 고조되었으나 독일기사단의 세력은 계속 커져 통일의 앞길에

-농민의 탄원에 귀를 기울이는 카지미에시 대왕-
왕관을 쓴 인물, 마르체츠로 바차레리 그림-

어려움이 많아졌다.

워키에테크의 아들 카지미에시 3세(대왕, 재위 1333~70)의 치세가 되어 경제개혁이나 방위력 강화 등으로 국력은 회복 조짐을 보였다. 그러나 1343년의 칼리시 화약和約[1]으로 독일기사단에 그단스크와 포모제를 빼앗겼다. 카지미에시 대왕(폴란드 사상 유일의 대왕) 시대에는 크라쿠프 대학이 창립되었고(1364년) 26개의 도시에 장벽이 설치되고 51개의 성이 축성되었다. 15세기의 연대기 편찬자 얀 드우고시가 카지미에시 대왕을 '나무의 나라에서 벽돌의 나라로' 폴란드를 바꾼 왕으로 평가한 이유이다.

---

1) 일반적으로 '칼리시 법Statut kaliski로 알려진 '유대인의 자유에 관한 일반 헌장'은 1264년 9월 8일 칼리시에서 대폴란드의 볼레스와프 경허공에 의해 발포된 헌장이다. 이 헌장은 폴란드의 유대인들의 법적 지위의 근거가 되어 '국민 내 국민'이라 할 수 있는 이디시어 화자에 의한 자치 조직이 만들어졌다. 이 헌장은 1795년의 제3차 폴란드 분할까지 존속하였다. 이 헌장으로 유대인에 관한 일은 유대인 재판소에서만 취급하게 되고 유대인과 기독교도와 관련된 일은 별개로 독립된 법정에서 취급하게 되었다. 동시에 유대인의 안전과 개인의 자유를 보장하여 폴란드의 유대인들은 안심하고 자신들의 신앙을 지키며 영업과 여행을 할 수 있었다.

칼럼 – 폴란드의 주요 도시

바르샤바는 현재의 폴란드공화국의 수도로 가장 긴 강인 비스와강(1,047㎞)의 중류에 동서로 걸쳐 있다. 인구 174만 명(2017년 현재)으로 폴란드 최대의 도시이자 정치·경제·문화 등 모든 영역에서 이 나라의 중심이다. 1596년에 지그문트 3세가 남부의 크라쿠프에서 이곳으로 수도를 옮긴 이후 수도로서 4백 년 이상의 역사를 갖고 있다. 바르샤바 공국, 바르샤바 게토 봉기, 바르샤바 봉기, 바르샤바조약기구 등 '바르샤바'가 붙는 역사적 명칭이나 사건들은 일본에도 잘 알려져 있다.

그단스크는 인구 46만 명의 발트해 연안 도시로, 독일 이름 단치히로 유명하다. 자주관리노조 '연대'의 발상지로도 잘 알려져 있다.

말보르크는 비스와강 지류인 노가트 강가에 위치한 인구 3만 8천 명의 지방 도시로 1274년에 독일기사단이 쌓은 말보르크성(1997년 세계유산에 등재)으로 유명하다.

토룬은 비스와강 연안에 위치하며 기계·화학·섬유산업이 번성한 도시이다. 인구 20만 2천 명. 지동설을 주장한 코페르니쿠스가 태어난 곳으로도 유명하다. 1231년에 독일기사단이 축성한 이후 한자동맹(북부 독일 상업도시의 연합체)[2]의 도시로 번영을 구가하였다.

포즈난은 오데르강 지류인 바르타강 연안에 위치하며 폴란드 서부의 경제·문화의 중심지이다. 인구 55만 명, 1956년 6월의 포즈난 폭동[3]으로 유명하다.

우치는 인구 69만 명의 폴란드 제3의 도시. 1823년 이후 폴란드왕국의 정책으로 공업화(특히 독일인 직공을 초청하여 섬유산업 진흥시킴)가 추진되었다. 우치는 현재 영화 산업의 거점으로도 알려져 있다.

루블린은 인구 35만의 바르샤바 동쪽의 최대 도시이다. 공업 도시이자 학술도시로 전후 공산 정권의 모체인 폴란드국민해방위원회도 이 도시에 거점을 두었다.

---

2) 중세 후기 중앙 유럽 내지 북유럽의 도시연맹으로 북해 및 발트해 연안 지역의 무역을 장악하고 유럽 북부의 경제권을 지배하였다. 12세기경 만들어져 14세기에 전성기를 누리며 네덜란드에서 폴란드, 발트 제국, 러시아에 이른 상업도시들의 연맹으로, 서로 독립성과 평등성을 지닌 느슨한 연합이면서도 때로는 정치적·군사적 연합으로도 기능하였다. 동맹의 항구적인 중앙기구는 두지 않고 동맹의 구속력도 약하여 실제로는 각 도시의 이해가 우선되었다. 동맹의 관습법은 이후 해사법규의 기초가 되었다고 말해진다. 뤼베크, 함부르크, 브레멘 등 예전 한자동맹의 중심 도시들은 '자유한자도시'를 칭하는데, 중세 이래의 도시의 자유를 주장하며 현재도 그 유풍을 간직하고 있다.
3) 폴란드의 서부 도시인 포즈난에서 1956년에 일어난 폭동으로 소련에서의 스탈린 비판, 코민포름의 해산을 계기로 반소 성향의 민중 폭동이다. 같은 해 일어난 헝가리의 반소 폭동과 함께 동유럽 사회주의권을 동요시켰으나 모두 소련군의 압력과 개입으로 진압되었다.

크라쿠프는 인구 76만의 폴란드 제2의 도시. 1596년에 바르샤바로 천도하기까지 수도(왕의 대관식은 계속해서 크라쿠프에서 거행되었다)였으며 기계, 금속, 화학, 식품, 인쇄 등 여러 산업이 번성하며 동시에 큰 문화도시이기도 하다.

오시비엥침은 독일 이름 아우슈비츠로 알려져 있는 폴란드 남서부를 대표하는 도시이다. 오드라강(오데르강)과 그 지류가 시내를 흐르고 있고 중세 이래 발트해와 로마 제국을 잇는 '남북무역'(특히 '호박'), 흑해와 서구를 잇는 '동서무역'을 통해 번성해왔다. 오늘날에도 상업도시로서의 성격이 강하고 금속, 기계, 화학, 섬유, 피혁 등의 산업이 번성한 공업 도시이기도 하다.

제 1 장

중세의 대국
—폴란드 - 리투아니아
연합왕국의 융성

초기 야기에우워 왕조

카지미에시 대왕의 서거와 함께 피아스트 왕조는 단
절되었다. 대왕 이후 남자 계승자가 없어 왕위는 대왕의
조카인 헝가리 왕 라요슈 대왕(폴란드 이름은 루드비크, 재위
1370~82)으로 계승되었다. (20쪽의 왕위 계보도 참조) 루드비크
는 장녀 마리아에게 왕위를 물려주고 싶어 슐라흐타(중소
귀족)[1]들에게 이를 설득하기 위해 1374년 그들에게 성채

---

1) 슐라흐타(szlachta): 폴란드 왕국에서 법적 특권 참정권을 갖는 사회 계급 내지 그에
소속된 귀족을 말하며, 전통적으로 지주 계층으로 19세기 말까지 교섭을 통해 정치
적·법적 특권을 획득하였다. 폴란드-리투아니아 연합의 슐라흐타는 고대 로마의 과두
정치의 주체인 로마 시민과 유사하며, 세습 신분이었다. 슐라흐타는 국회와 원로원을
구성하고 국회의원으로부터 선출·신임된 국왕에 의해 임명되며, 중세에서 근세에 걸
쳐 동유럽 사회의 정치·문화에 큰 영향력을 미쳤고, 1918년 폴란드 제2공화정 성립
시 폐지되었다.

그룬발트 전투 (얀 마테이코 그림)

수리 의무와 조금의 세금을 제외한 일체
의 부담을 면제시켜 주었다(코시체의 특권[2]).

루드비크의 사후 2년 정도 왕위가 비었
다가 결국 차녀인 야드비가가 왕위를 계
승하였다(재위 1384~99). 야드비가는 폴란드
최초의 여왕으로 불과 11살의 나이에 즉
위하였다. 폴란드와 리투아니아에는 독일

기사단이라는 공통의 적이 있다는 정략적 이유에서, 야
드비가의 남편으로는 리투아니아 대공국의 군주가 선
택되었다. 1385년 양국 대표는 빌뉴스(폴란드 이름은 비르
노) 근교의 크레바(폴란드 이름은 크레보)에 모여 리투아니아
군주 요가일라(폴란드 이름은 야기에우워)가 가톨릭교회의 세
례를 받은 뒤 야드비가와 혼인 관계를 맺고, 야드비가와
나란히 폴란드 왕이 될 것을 결정하였다(크레보 합동). 그
들은 1386년 2월 정식으로 결혼하였고 다음 달 야기에
우워는 폴란드 왕 브와디스와프 2세로 즉위하였다(재위

---

2) 카지미에시 3세의 뒤를 이은 조카인 헝가리 왕 라요슈 1세에게도 후계자가 없어
1374년 코시체에서 슐라흐타들에게 양보하여 그들에게 약속한 특권을 말한다. 이로써
슐라흐타들은 성벽 수리와 소정의 토지세 이외의 모든 세금을 면제받을 수 있게 되었다.

1386~1434). 폴란드-리투아니아 연합왕국의 탄생이다.

1410년 7월 15일 폴란드-리투아니아 합동군은 그룬발트에서 독일기사단과의 전투에서 승리하였다. 그러나 기사단령의 수도인 마리엔부르크(폴란드 이름 말보르크)성을 함락시키지는 못했다.

브와디스와프 2세는 만년에 두 아들을 얻었다. 장남인 브와디스와프 3세(재위 1343~44)는 폴란드 왕으로 즉위했을 당시 불과 10살이었기 때문에 크라쿠프 주교 즈비그니에프 올레시니츠키가 정무를 대행하였다. 브와디스와프 3세는 폴란드 왕에 더해 헝가리 왕(재위 1440~44)도 겸하였다. 왕은 오스만튀르크와 싸우다 바르나 전투에서 전사하였고 그 때문에 바르나(현재의 불가리아 동부 소재)의 이름을 따 바르넨치크라는 별칭을 얻게 되었다.

폴란드 중세의 문화

중세는 기독교 철학이 발달한 시대였으나 농업 중심 사회로 경제적 발전은 뒤처진 시대여서 수공업이나 상업의 발달은 불충분하였다.

예술에서는 우선 로마네스크 양식이 중심을 이루었으나 현존하는 작품은 많지 않다. 체르빈스크 대성당(13세기 초)의 벽화나, 우치 근교의 돔에 있는 공동 교회의 애프스(후진後陣) 등이 남아 있다. 로마네스크 양식에 이어 고딕 양식이 번성하여 크라쿠프의 성 마리아 교회의 제단으로 알려진 바이트 스토스(폴란드 이름은 비트 스트보시)가 그 양식을 대표하는 한 사람이다. 스트보시는 카지미에시 야기엘론치크(재위 기간은 리투아니아 대공 1440~92, 폴란드 왕 1447~92)의 초빙을 받아 크라쿠프에 온 뉘른베르크의 목조木彫 장인이었다.

동 시기의 폴란드의 문화인으로서 얀 드우고시를 잊어서는 안 될 것이다. 그는 크라쿠프아카데미에서 수학한 뒤 크라쿠프 주교 올레시니츠키 아래에서 비서 겸 문서 작성관으로 일하면서 외교관으로서 독일기사단과의 교섭에도 관여하였다. 1467년에는 카지미에시 야기엘론치크의 아들들의 교육 담당관에 임명되었다. 그중에서도 전 12권에 달하는 폴란드 연대기의 편찬은 그의 최대 공적이었다.

슐라흐타 민주정

얀 1세 올브라흐트(재위 1492~1501) 치세하 1493년 폴란드에서 첫 전국회의(국회에 상당)가 열렸다. 그 이후 중요 의제는 왕, 원로원, 하원의 3자가 결정하게 되었다.

이에 더해 1505년에는 니힐노비 법[3]이 가결되었다. 얀 1세의 다음인 알렉산데르(재위 1501~06)가 라돔에서 다음과 같이 선언한 데서 이 이름이 붙었다. "이 이후 후세에 이르기까지 원로원과 하원의 동의 없이 나와 나의 후계자는 어떠한 새로운 것도 결의하지 않겠다.(Nihil novi… sine communi consensu)"

하원을 구성하는 슐라흐타(중소 귀족)는 알렉산데르의 다음인 지그문트 1세 스타리(재위 1506~48)가 하원을 경시하고 고위 성직자나 마그나트(대귀족)로 구성된 원로원을 우대하였기 때문에 적정한 '법의 집행'을 요구하였다. 슐라흐타의 분노는 1537년 정점에 달하였다. 같은 해 지그문트 1세는 몰다비아 원정 때 슐라흐타들에게 총동원을 내렸다. 이에 대해 슐라흐타들은 르비우(폴란드명은 르부프, 현재의 우크라이나 서부 도시) 근교에 무장 결집하여 왕의 독재적 결정에 항의하였다. 이 사건은 결집한 슐라흐타들이 장

---

3) 국왕이 새로운 법률을 포고하려면 상하 양원의 동의를 얻어야 하는 것으로 전국의회의 권한이 더욱 강화되었다.

기에 걸쳐 대량의 닭고기를 소비했기 때문에 '닭 전쟁'으로 불렸다. 결국 왕은 총동원령을 철회할 수밖에 없었다.

슐라흐타의 긍지를 이데올로기적으로 뒷받침한 것이 있었는데 이는 '사르마티즘'[4]이라는 정치의식이다. 이는 자신들의 조상이 용감무쌍한 사르마트인(이란계 기마민족)이라는 설에 기초하며, 동방 문화에 영향을 받은 독자적인 사상 문화이다.

프로이센의 복속

16세기 벽두부터 18세기의 분할에 이르기까지의 폴란드는 '슐라흐타 공화국(제치포스폴리타 슐라흐카)'라는 별칭으로 불리기도 한다(실제로는 17세기에는 마그나트 과두정으로 이행하지만), '제치포스폴리타'(Rzeczpospolita)라는 말은 공화정을 나타내는 라틴어의 '레스 푸블리카'에서 유래한다. 간단히 말하면 공화정이란 '세습 군주를 갖지 않는 정체'인

---

4) 16세기부터 19세기에 걸쳐 폴란드-리투아니아공화국의 귀족계급 및 우크라이나 코사크의 생활양식이나 사상을 지배했던 문화를 이른다. 귀족계급이 자신들을 동유럽에서 중앙아시아에 걸쳐 활동하던 다문화주의 사회(제르냐코프 문화)를 구성하던 고대 슬라브의 땅에 정주한 유목민 사르마타이인을 조상으로 보는 시각으로, 동방 지역의 영향을 받은 독특한 문화를 형성하였다. 현대의 폴란드에서는 폴란드인의 성격이나 문화를 나타내는 데 사용되고 있다.

것이다. 폴란드가 이렇게 불리게 된 것은 슐라흐타가 선거에서 국왕을 선출하고 의회를 통해 국정을 운영해갔기 때문이다. 슐라흐타 공화국은 전성기에는 발트해에서 흑해에 이르는 광대한 영역을 지배하에 둘 정도였다.

발트해 연안에는 아직 독일기사단령이 있었다. 그룬발트 전투[5] 이후 1454~66년, 폴란드는 다시 독일기사단과 싸워(13년 전쟁) 승리하였다. 1519~21년 기사단은 폴란드와 다시 싸워 패배하고 루터파로 개종하였다. 폴란드와의 대결에 종지부를 찍은 것은 1525년이었다. 같은 해 4월 10일 크라쿠프의 중앙 광장에서 초대 프로이센 공 알브레히트 호엔촐레른은 지그문트 1세 앞에 무릎을 꿇고 신하로 복종할 서약을 하였다. 이후 기사단은 세속 프로이센 공국이 되어 개신교를 믿는 세속 국가가 되었다.

르네상스

르네상스기는 예술, 학문이 크게 번성하여 그 성과는 독일의 요하네스 구텐베르크의 활판인쇄 발명 후 급속도

---

5) 1410년에 초록의 숲이라는 뜻의 그룬발트에서 폴란드-리투아니아 연합국(야기에우워 왕조)군이 독일기사단을 물리쳐 승리로 끝난 전투를 말한다.

로 전파되었다.

지그문트 1세는 르네상스기의 폴란드 문화의 발전에서 공적을 세웠다. 왕비 보나 스포르차는 이탈리아의 밀라노 출신으로 부부는 거성(바벨성)의 개축이나 문화, 학문의 발전에 기여하였다. 이탈리아로부터 학자나 화가, 조각가, 건축가, 의사, 음악가 들을 초빙하여 폴란드 문화에 이탈리아 색을 입혔다.

정치사상 분야에서는 근대적인 국가론을 제시한 안제이 프리치 모드제프스키가 나왔고 자연과학에서는 미코와이 코페르니크(라틴어명 니콜라우스 코페르니쿠스로 널리 알려져 있다)를 언급하지 않을 수 없다. 토룬 출신의 이 학자는 크라쿠프아카데미와 이탈리아의 여러 대학에서 의학, 수학, 철학, 지리학, 경제학 등을 수학하였고 최대 관심사인 천문학 분야에서 최대의 공적을 세웠다. 다년에 걸친 연구 성과는 1543년에 출판된 『천구의 회전에 관하여』에서 지동설을 주장하며 결실을 맺었다.

르네상스기의 폴란드 문인으로는 미코와이 레이[6]와

---

6) Mikołaj Rej 혹은 Mikołaj Rey; 1505~1569. 중세 후에 발흥한 폴란드 르네상스기의 폴란드의 시인, 산문 작가, 정치가, 음악가이다. 처음으로 폴란드어만을 사용하여 문필 활동을 한 폴란드인으로, 폴란드 문어 및 폴란드 문학의 창시자로 칭송받고 있다. 1505년 하리치(크라쿠프) 근교 귀족 집안에서 태어나 정규교육은 13세에 1년 간 크라쿠프아카데미에서 공부한 것뿐이고 대개 독학으로 라틴문학을 공부했으며 궁정에 들어가 더 깊이 인문학을 연구하였다. 그 후 고향으로 돌아가 캘빈주의로 개종하고 자신의

얀 코하노프스키[7]가 있다. 레이는 폴란드어로 집필한 최초의 작가로 16세기 중엽에 태어난 그는 '폴란드 문학의 아버지'로 불리고 있다.

그의 "폴란드인은 거위가 아니다. 독자의 언어를 갖고 있다'는 문장에서 그의 폴란드어를 바라보는 마음을 엿볼 수 있다.

16세기 후반에는 르네상스기 유명한 폴란드 시인 코하노프스키가 나타나 사랑하는 딸 우르슐라의 죽음을 기리는 『만가집』과 『프라스키』(소 작품집)는 현대인의 마음에 울림을 주고 있다.

땅에 개신교 학교와 공동체를 설립하였다. 그는 라틴어 구문의 영향을 받은 폴란드어 산문체로 다양한 장면에서 폴란드 귀족의 이상을 설명하고 가톨릭교회를 비판하거나 조국의 염원을 담은 산문 작품을 많이 남겼다.

7) Jan Kochanowski; 1530~1584. 르네상스 시대 폴란드의 시인으로 왕실 비서관을 역임하였다. 절충주의 철학을 중시하고 고대와 기독교를 연결시켜 신에 대한 깊은 신심을 가진 대표적 인물이기도 하다. 슐라흐타 계급의 출신으로 가족들이 번역이나 문필 활동에 종사하여 그 영향을 받았다. 독일의 대학과 파도바대학에서 수학하며 4행의 라틴어 시를 시작으로 작품 활동을 시작하였다. 로마와 나폴리 여행을 거쳐 폴란드로 귀환하여 1572년까지는 지그문트 2세의 궁정에서 일하기도 했다. 희곡 『그리스 사절의 서거』 『다윗의 시편』 등을 번역하고 사랑하는 딸의 죽음을 기리는 『만가집』으로 유명해졌다. 1583년에는 '모스크바 여행지'에서 폴란드-러시아 전쟁 시의 스테판 바토리의 러시아원정을 기술하고 있다. 1584년 루블린에서 심장 발작으로 사망하였고 시인의 급작스런 죽음을 계기로 안제이 두셰체스키의 작품이나 세바스천 크로노비츠의 13개의 비가 등 그를 칭송하는 다수의 문학작품이 출판되었다. 폴란드 문어의 발전에 크게 기여했다는 평가를 받고 있다.

국왕자유선거제

지그문트 1세의 아들 지그문트 2세 아우구스트(즉위는 1529년, 실질적인 치세는 1548~72)에게는 남자 계승자가 없어 폴란드와 리투아니아의 연합관계를 강화시키려는 움직임이 나타났다. 그 결과 1569년 루블린에서 양국 연합의 조인이 이루어졌다.(루블린 합동[8]). 이렇게 폴란드-리투아니아는 면적 약 81만 5천 km², 인구 약 750만의 대국이 되

---

8) 이 연합으로 폴란드 왕국(왕령 프로이센, 프러시아 공령, 폴란드령 우크라이나 포함), 리투아니아 대공국(리투아니아령 우크라이나, 벨라루스 포함), 리보니아로 구성된 유럽 역사상 최대의 국가가 탄생하였다. 역사가들은 느슨한 군주 연합이었던 폴란드-리투아니아공화국을 현재의 유럽연합과 비슷한 국가형태로 보기도 한다. 1569년 7월에 성립된 양국의 제도적 주 연합으로 폴란드-리투아니아공화국이 성립되었다. 실질적으로는 폴란드에 의한 리투아니아 병합이고 이 공화국은 선거로 뽑힌 한 명의 군주(폴란드 왕·리투아니아 대공), 원로원, 합동의회(세임Sejm)의 통치를 받게 되었다. 이는 리투아니아 대공국이 모스크바 러시아와의 전쟁(리투아니아 전쟁)으로 위기에 빠진 것이 계기가 되었다.

1869년에 완성된 얀 마테이코의 <루블린 합동>이라는 그림이 유명하다.

이 합동에 대해 폴란드의 역사가들은 평화적 자발적인 절차나 제도적으로 신앙의 자유, 다민족에 의한 다문화주의, 의회민주주의 등을 들어 폴란드의 자유주의와 세계시민주의 문화와 이념이 확대된 점 등을 강조한다. 이에 비해 리투아니아의 역사가들은 보다 민족주의적·국수주의적인 입장에서 리투아니아 귀족과 폴란드 귀족의 참정권은 평등했으나 리투아니아 대공국에 폴란드 문화가 확대된 점을 들어 폴란드의 지배라고 주장하기도 한다. 이 합동으로 폴란드는 리투아니아에 대한 군사 지원을 행했으나 이전에 병합한 지역을 되돌리지는 못했다.

루블린 합동은 지그문트 2세의 치적으로 유럽 최대의 공화국으로 200년 이상 번영을 누렸으나 정치체제의 변혁에는 성공하지 못하였다. 지그문트는 하급 귀족의 지지를 얻어 국가를 강화하여 대귀족과의 균형을 맞추려고 하였으나, 대귀족의 정치력은 계속 유지되어 주변국들이 강한 중앙집권적 절대왕정으로 발전한 데 비해 폴란드의 왕권은 점차 약화되고 귀족민주주의도 정치적 혼란이 격화되었다. 두 나라가 병합되었으나 각기 광범위한 자치권과 개별 군대, 국고, 법률, 정권을 유지하고 있었고, 인구 비율로 양국의 국회의원 비율은 3:1 정도로 폴란드가 상회하고 있었다. 문화적으로는 폴란드어 및 가톨릭교회가 지배적이었다. 이 합동은 5월 3일 헌법으로 대체되어 1791년부터 입헌군주제의 단일국가로 되었다가 그 후 코사크의 개입 끝에 1795년 폴란드분할로 무효가 되었다.

었다. 루블린의 합동 이후 양국은 공통의 선거로 군주나 의원을 선출하였고 군사·재정·행정조직은 별개의 조직으로 운영하였다.

지그문트 2세는 야기에우워의 대관(1386년) 이래 계속된 야기에우워 왕조의 마지막 왕이 되었다. 이후 200년 동안은 슐라흐타(중소 귀족)에 의한 선거로 왕이 선출되었다.

지그문트 2세가 서거하자 다음 왕을 누구로 할지 결정하기 위해 선거의회가 열려 96명의 슐라흐타들은 공석 기간의 치안을 위해 '바르샤바 연맹'(1573년)을 조직하였다. 연맹 협약은 가톨릭, 프로테스탄트 양파의 종교적 관용에 대해 다음과 같이 언급하고 있다.

우리 공화국에는 기독교 종교 문제에서 적지 않은 차이가 존재하기 때문에 우리가 다른 여러 왕국에서 많이 나타나는 유해한 소란이 사람들 사이에서 발생하지 않도록 노력하고 우리와 우리 자손들을 위해 영원히 우리 서약의 유대와 신앙과 명예와 양심을 걸고 함께 다음과 같이 약속한다. 즉 종교에서 다름이 있는 우리들은 상호 간에 평화를 유지한다. 또 다른 신앙과 종교의 차이 때문에 피를 흘리지 않고 재산 몰수나 명예 박탈, 투옥, 추방 등으로 벌하지 않는다.

선거에서는 국내에서는 유력 후보가 없어 대신 합스부르크 대공 에른스트, 모스크바 대공 이반 4세, 스웨덴 국왕 요한 3세, 앙주 공 앙리 드 발루아 등이 후보에 올랐다. 결과 프랑스의 앙리 드 발루아가 선출되어 헨리크 발레지로 즉위하였다(재위 1573~74).

대관식에 앞서 이른바 '앙리 조항'9)의 조인이 이루어졌다. 왕은 자신의 자손에게 왕위를 물려줘서는 안 되며 선거의 자유를 침해하지 않을 것, 의회의 동의 없이 나라의 문제를 결정하거나 슐라흐타의 특권을 제한하지 않을 것 등을 약속하였다.

헨리크 발레지 이후 선출된 왕은 이 조항에의 조인을 요구받았다. 헨리크 자신은 폴란드 왕에 즉위했으나, 5개월 뒤 형인 샤를 9세의 서거 소식을 듣자 야밤을 틈타 폴란드를 떠나 프랑스 국왕 앙리 3세로 즉위하였다.

---

9) Henrician Articles

동방 진출

폴란드 사상 여성이 국왕이 된 인물이 두 명 있다. 한 명은 앞서 말한 야드비가(31쪽 참조)이고 또 한 명은 지그문트 2세의 여동생 안나(재위 1575년)이다. 안나는 헨리크 발레지와 결혼할 예정이었으나 이루어지지 않았고 트란실바니아 공 바토리 이슈트반(폴란드 이름은 스테판 바토리)이 남편이 되었다. 바토리는 폴란드 왕으로 즉위하였다(재위 1576~86).

바토리는 걸출한 군인으로 폴란드의 지위 향상에 공헌하였다. 모스크바대공국과는 프스코프(폴란드어로는 프스쿠프, 현재 러시아 서북 지방의 도시) 전투에서 승리하였다(1581년). 왕은 군사 조직의 개편에 착수하여 성과를 올렸다.

바토리 이후 지그문트 3세 바사가 왕좌에 올랐다(재위 1587~1632). 지그문트 3세[10]는 폴란드 역사상 암살 위협에

---

10) 지그문트 3세(Zygmunt III: 1566~1632.) 스웨덴 바사 왕조 출신으로, 폴란드 왕 스테판 바토리의 사망으로 슐라흐타들의 국왕 자유선거로 폴란드 왕으로 선출된 인물이다. 그의 선출은 폴란드 출신 어머니의 혈연관계뿐 아니라 러시아의 발트해 진출을 견제하려는 정략적 결과이기도 하였다.
어렸을 때부터 크라쿠프에서 예수회의 교육을 받으며 성장하여 열렬한 가톨릭 신자였던 그는 가톨릭화를 강화하고 프로테스탄트 신앙을 금지하였다. 1596년에는 브레스트 합동을 성립시켜 동방 전례를 지키면서도 로마교회의 권위를 인정하는 우크라이나 동방 가톨릭교회를 성립시켜, 지배하에 있는 정교회의 가톨릭화를 지향하였다. 또한 1596년 크라쿠프에서 바르샤바로 수도를 옮기기도 하였다. 지그문트 3세의 절대주의 경향에 위기감을 품은 폴란드 귀족 일파가 1606년에 제브지도프스키 반란을 일으켰으나 실패로 끝났다.

처한 유일한 왕으로, 1620년에 암살 시도가 있었으나 미수에 그쳤고 범인인 미하우 피에카르스키는 처형당했다. 그가 취조 과정에서 고문을 당한 끝에 자백했던 것에서 "고문당한 피에카르스키처럼 술술 분다"(뜻 모를 얘기를 떠든다'는 뜻)이라는 관용구가 만들어졌다.

지그문트 3세는 연금술에 빠져 실험을 계속한 것으로도 알려져 있다. 왕은 예술의 진흥에도 힘썼고 특히 베네치아의 화가 토마소 돌라벨라를 궁정화가로 초빙한 것은 유명하다. 현재 지그문트 3세의 동상을 바르샤바 구 시가지의 입구에서 볼 수 있는데 이는 아들인 브와디스와프 4세(재위 1632~48)의 명령으로 만들어진 것이다.

지그문트 3세가 절대군주제를 바랐던 것, 예수회 신부들을 중용하여 가톨릭 정책을 강화시킨 것(1596년의 브레스트 리토프스크 [폴란드어로는 브제시치 리테프스키의 교회 합동) 등으로 왕에게 반발하는 자들이 적지 않았다. 1606년 크라쿠프 현 지사 미코와이 제브지도프스키는 전국의 슐라흐타들에게 결집을 호소하였다. 이에 대해 왕당파가 무장하여 응함으로써 양자는 내전 상태에 빠졌다. 결국 반왕당파의 패배로 끝이 나면서 이후 슐라흐타의 힘은 약화되었고 반대로 마그나트(대귀족)의 세력이 신장되었다. 공화국이 '슐라흐타 민주정'에서 '마그나트 과두정'으로 변모해가는 전기가 되었다.

지그문트 3세가 왕이 되었을 때 수도는 아직 크라프트였으나 바르샤바는 그 지리적 조건으로 중요성이 커졌고, 이에 더해 바벨의 왕궁이 화재를 입으면서 결국 1596년 바르샤바로 천도하게 되었다(실제 천도는 1611년).

1601년 러시아와의 전쟁으로 스타니스와프 주키에프스키가 이끄는 폴란드군은 스몰렌스크를 포위하였다. 러시아-스웨덴 합동군이 원군으로 파견되자 이들과 대결하였고, 같은 해 7월 크로스노(폴란드명은 쿠우신) 근교에서 7천 명의 폴란드군은 3만 5천 명의 적군과 대치하였다. 주키에프스키는 우선 러시아군을 물리치고 이어서 스웨덴군을 격퇴하였다. 일련의 승리 후 주키에프스키는 모스크바를 점령하였고 이 점령은 1612년까지 이어졌다.

발트해를 둘러싼 공방

스웨덴의 바사가 폴란드 왕으로서 군림한 1587~1672년은 스웨덴과 폴란드 양국 사이에 전투가 끊이지 않던

키르홀름 전투 (보이치에흐 코사크 그림)

시대였다.

폴란드는 스웨덴으로부터 왕좌를 빼앗으려 하고 한편 스웨덴은 발트해의 지배를 강고히 하고자 했다. 양국의 갈등은 유럽에서 삼십년전쟁(1618~48)이 계속되던 시기에 발생하였다. 스웨덴군은 포모제를 공격하여 리보니아를 지배하였다.

폴란드-스웨덴 전쟁(1600~29)의 최대 전투 중 하나로 리가(현재의 라트비아의 수도) 근교의 키르홀름 전투를 들 수 있다. 1605년 9월 양국군이 대치한(스웨덴군 1만 1천 명, 폴란드군 4천명) 결과 폴란드군의 승리로 끝났다. 스웨덴군의 희생자가 6천 명이었던 데 비해 폴란드 측 희생자는 100명 정도였다.

폴란드-스웨덴 전쟁 때 함대끼리 교전했을 때 1627년 스웨덴군은 그단스크항의 입구를 봉쇄하여 폴란드의 통상을 크게 제한하였다. 11월 28일 그단스크 근교의 올리바 해상에서 폴란드 해전사상 가장 중요한 전투가 시작되었다. 폴란드군은 이 전투에서 승리하여 스웨덴에 의한 그단스크 봉쇄를 풀었으나 2년 후에 그시노에서 패하여 알트마르크에서 굴욕적인 강화조약을 맺게 되었다.

1655년 스웨덴군은 포모제로부터 리보니아로 침공하여 단기간에 폴란드 내륙 깊숙이 도달하였다. 일부 마그나트는 스웨덴군에 붙는 것이 유리하다고 판단하여 조국 방위에 소극적인 자세를 취하였다. 스웨덴군이 쳉스토호바(폴란드 남부 도시)의 야스나 고라 수도원의 공략에 실패한 뒤 겨우 폴란드에 유리한 형세로 돌아섰다. 1660년 올리바 화약 결과 스웨덴군은 폴란드(리투아니아 북부 제외)로부터 철수하였다.

17세기에 일어난 이 스웨덴의 침공을 소재로 소설가

헨리크 시엔키에비치[11]는 장편 『대홍수』를 집필하였다
(1884~86년)

튀르키예, 코사크와의 전쟁

17세기 초 대(對)스웨덴, 대러시아와의 전쟁에 더하여 폴란드에는 대 오스만튀르크와의 전쟁도 있었다. 지그 문트 3세는 삼십년전쟁 발발 후 이른바 '리소프치치'(지휘 관 알렉산데르 리소프치치의 이름에서 유래)로 불리는 기병군단을 합스부르크령으로 보내 전쟁에 협력하였다. 이런 이유 로 1620년 폴란드는 오스만튀르크와의 전쟁에 돌입하여 전장은 폴란드까지 확대되었다. 폴란드는 열세였으나 스타니스와프 주키에프스키와 호드키에비츠의 진두지 휘하에 한때 몰다비아까지 튀르크군을 몰아붙였다. 그

---

11) Henryk Sienkiewicz; 1846~1916. 폴란드를 대표하는 소설가로 러시아 점령하의 폴란드 입헌왕국인 볼라 오쿠제스카에서 유복한 가정에서 태어났다. 아버지는 기독교 로 개종하여 슐라흐타 자격을 얻은 푸가 타타르인이었다. 바르샤바대학 졸업 후 신문 사에 들어가 미국 특파원을 지냈고 애국자의 용감한 행동을 그린 역사소설을 집필하 였다. 고대 로마를 무대로 초기 기독교인들의 고난을 그린 장편소설 『쿼바디스』(1896)의 저자이고 1905년에 폴란드인 최초로 노벨문학상을 수상하였다. 그를 폴란드 대표 문 학가로 만든 작품으로는 17세기 폴란드 전란의 시대를 그린 『불과 검으로』(1884), 『대홍 수』(1886), 『판 보워디요프스키』(1888) 등이 있다. 이들 역사소설은 파란만장한 스토리 전 개와 다양한 폴란드의 역사적 장면으로 채워져 있는 역작으로 평가받고 있다.

러나 폴란드군은 츠촐라(폴란드 이름은 체촐라)에서 대패하
였고 주키에프스키는 이때 전사하였다.

코사크로 불리는 기마에 능한 집단은 드니프로강과 돈
강 주변에 살며 어업·수렵·약탈 등을 생업으로 하고 있
었다. 17세기 초 코사크는 폴란드의 가장 큰 문제 중의
하나였다.

코사크는 처우 개선을 요구하며 봉기를 자주 일으켰고
1648년의 봉기가 가장 컸다. 봉기의 주동자는 그 때까지
왕당파의 병사였던 보흐단 흐멜니츠키(폴란드 이름은 흐미엘
니츠키)로 코사크군는 폴란드군에 몇 번이나 승리한 바 있
었다. 군사 대국 폴란드의 위신은 무명 코사크 지휘관 앞
에서 무너졌던 것이다. 흐멜니츠키의 봉기는 1654년에
드디어 종결되었다.

얀 카지미에시의 퇴위

브와디스와프 4세가 1648년 5월에 서거한 뒤 한동안
공백기가 이어지다 같은 해 11월이 되어 브와디스와프 4
세의 이복동생인 얀 2세 카지미에시 바사(재위 1648~68)가

선출되었다. 그는 여러 다방면의 내정 개혁을 시도하였으나 마그나트의 반대에 부딪혀 모두 실패하였는데 리베룸 베토도 그중 하나이다.

리베룸 베토(자유거부권)란 라틴어로 '나는 자유를 인정하지 않는다'를 의미하는 표현에서 유래하여, 한 명의 대의원이라도 반대하면 의회가 성립하지 않는다는 권리 권한을 말한다. 리베룸 베토는 1652년 3월에 대의원인 브와디스와프 시친스키가 처음으로 행사하였다.

얀 카지미에시는 리베룸 베토를 폐지하려 했으나 성공하지 못했다. 1668년의 국왕의 퇴위로 이 제도는 효력을 갖게 되어 이후 여러 차례 의회 운영을 마비시키는 원인으로 작용하였다. 리베룸 베토는 국왕에 적대하는 마그나트들에게 이를 남용하여 국정을 좌지우지할 수 있는 수단을 쥐어준 셈이었다.

1668년 왕이 퇴위하면서 3대 80년에 걸친 스웨덴 출신의 바사 가문의 치세는 종언을 고하였다. '피아스트의 왕(폴란드인의 왕)으로서 미하우 코리부트 비시니오비에츠키(재위 1669~73)가 다음 왕으로 선출되었다.

비시니오비에츠키는 1672년에 오스만튀르크가 폴란드로 침입하자 같은 해의 부차치 강화로 포돌리아(폴란드 이름 포돌레)를 포기하는 실정을 저질렀다. 폴란드군이 오스만군을 격파하는 1673년 11월의 호침 전투까지 기다리지 않으면 안 되었는데 이 전투의 지휘관이 얀 3세 소비에스키였다.

비시니오비에츠키는 호침 전투 중 사망하였다(1673년 11월 10일). 다음 왕으로 호침 전투에 공적을 세운 얀 3세 소비에스키가 선출되었다(재위 1674~96). 새 국왕은 합스부르크가와의 협력 관계를 추진하는 정책을 취하였다. 그 때문에 1683년에 무스타파가 지휘하는 오스만군이 빈을 포위했을 때는 국왕이 몸소 참전하였다. 9월 12일 7만의 병사를 이끄는 폴란드 오스트리아 연합군은 같은 규모의 오스만군을 빈으로부터 격퇴시켰다.

17세기는 바로크 문화가 번성했던 시기로 바로크라는 명칭은 '일그러진 형상의 진주'를 의미하는 포르투갈어인 '바로코barocco'에서 유래한다고 한다. 실제로는 호화찬란하나 기품이 부족한 예술이 발달한 것이었다.

바로크건축을 대표하는 것으로 얀 3세와 왕비 마리 카지미르를 위해 지어진 바르샤바 교외의 빌라누프 궁전을 들 수 있다.

아우구스트 2세와 레슈친스키

1697년 작센 선제후 프리드리히 아우구스트 1세가 폴란드 국왕으로 선출되어 아우구스트 2세로 불리게 되었다(재위 1697~1733). 선제후란 신성로마황제의 선거권을 갖는 독일의 유력 제후를 말한다. 괴력의 소유주로 말 편자를 손으로 굽힌다는 전설이 있어 '강한 왕'으로 불렸다. 아우구스트 2세는 무모하게도 폴란드를 북방전쟁(러시아와 스웨덴 사이의 전쟁, 1700~21)에 개입시켰다. 슐라흐타의 일부는 왕위 박탈을 획책하여 포즈난 현 지사인 스타니스와프 레슈친스키를 국왕으로 추대하였다(재위 1704~09). 그러나 레슈친스키는 지지 기반이 약하여 결국 국외로 도망하였다.

복위된 아우구스트 2세는 왕권을 강화하기 위해 1713년 작센군을 폴란드에 주둔시켰다. 슐라흐타는 이에 반대하여 1715년 왕의 퇴위를 요구하며 타르노구르트에서 연맹을 조직하였다. 내전 상태가 되자 러시아가 중재하여 1717년 2월 1일에 하루 만의 의회를 열어 작센군의 철수 등을 결정하였다. 의회의 중단을 우려하여 의원들의 발언은 일절 인정하지 않아 '무언 의회'로 불렸고 이리하여 결과적으로 폴란드에 대한 러시아의 영향력은 강화되었다.

1733년에 아우구스트 2세가 서거하자 다수의 슐라흐 타들이 다시 레슈친스키를 국왕으로 추대하였다(재위 1733~36). 그러나 레슈친스키에 적대하는 세력은 전 왕인 아우구스트 2세의 아들을 국왕으로 추대하였다(아우구스트 3세, 재위 1733~63). 이 내분은 여러 외국까지 합세하여 국제 전쟁으로까지 확대되었다(폴란드계승전쟁, 1733~35). 결국 레슈친스키는 왕위를 포기하고 1736년 아우구스트 3세가 정식으로 왕위를 인정받았다.

칼럼 – 폴란드 회화의 세계

피카소나 세잔, 르누아르나 벨라스케스의 이름을 들은 적도 없거나 화집 등에서 작품 하나도 본 적이 없다는 사람은 없을 것이다, 그러나 같은 유럽 미술이면서도 폴란드인들의 이름을 들 수 있는 일본인은 매우 적다, 일부에서는 폴란드 미술이라는 게 있냐고 생각하는 사람들이 있을지도 모른다. 폴란드가 낳은 위대한 시인 아담 미츠키에비치도 1844년에 다음과 같이 말했던 정도이다. "왜 슬라브인이 지금까지 조형미술을 잘하지 못했는지 이제 이해가 되리라. 슬라브인들에게는 조형미술의 적성이 없는 듯하다. 자신들이 진품은 즐길 수 있는 기관을 갖고 있는데 왜 복제품을 찾아 헤맬 필요가 있겠는가. 다른 민족이라면 눈에 보이지 않는 세계의 추억이 사라지는 것은 두려워하여 돌을 잘라 새기고 주형을 만들거나 캔버스에 붙잡아두려 할 것이다. 그러나 슬라브인들은 그 추억을 있는 그대로의 형태로 마음에 담아두고 있는 것이다. 슬라브인들에게 이것은 추억 같은 게 아니다." 미츠키에비치의 말을 빌자면 조형미술은 창조적인 행위가 아니라 복제에 지나지 않는 게 된다.

폴란드 회화가 꽃을 피운 것은 19세기 중엽 이후의 일이지만 로마네스크나 르네상스 바로크 시대 미술의 이름에 걸맞은 것이 폴란드에 없었다고는 할 수 없다. 여기서는 몇 명의 화가와 그 작품에 대해 언급해보겠다.

19세기 중엽의 낭만주의 시기에는 피오트르 미하워프스키의 이름을 들지 않을 수 없다. 미하워프스키의 그림은 소재는 다양한 것이 특징으로 전투를 그린 것도 있고 말을 모티브로 한 작품, 그리고 초상화도 있다. 초상화는 거리의 이름 없는 사람들을 그렸다.

19세기 후반의 폴란드 회화를 말할 때 꼭 거론되는 인물이 얀 마테이코이다. 그의 초기 작품 〈스카르가의 설교〉 〈레이탄―폴란드의 몰락〉에서는 폴란드의 국가 소멸의 원인을 고발하는 한편, 만년의 〈프스코프의 바토리〉 〈그룬발트 전투〉(30~31쪽 참조) 〈라츠와비체의 코시치우슈코〉에서는 민족의 자랑스러운 역사를 그렸다. 마테이코의 역사화는 원인과 결과를 하나의 캔버스에서 표현하여 방대한 정보를 담아내는 데 그 특징이 있다. 결과적으로 사실에 충실치 않은 측면도 보이지만 이 점이 마테이코 작품의 치명상은 아닐까 한다. 역사화는 사실의 정확한 기록보다는 사건의 극적 구성에 가치를 더 두고 있기 때문이다. 일본에서도 역사화에 해당하는 전투도의 병풍 등이 여러 점 남아 있는데 사실과 맞지 않은 부분이 여러 곳이 있다는 점은 잘 알려져 있다. 여하튼 마테이코가 폴란드 역사화에 정점을 찍은 사실은 부정할 수가 없을 것이다.

마테이코와 더불어 역사화에서 중요한 움직임을 보인 인물에 마르툴 그로트겔이 있다. 그로트겔은 1월 봉기(1863~64)를 다룬 일련의 소묘로 알려져 있다. 폴란드의 미술사가 마리아 보프셴츠카는 그의 작품을 다음과 같이 적확하게 평가하고 있다. "그로트겔은 시의 상징성과 서사시의 이야기를 연결시켜 전형적인 영웅과 이상적인 영웅, 양쪽을 동시에 만들어내어 당시의 봉기를 신성하고 시공을 초월한 전쟁으로 변형시켰다. 그가 그린 장면은 애국·순교 신화의 전형이었지만 이것은 다른 화가는 할 수 없는 것이었다." 그로트겔의 영웅신화와는 대조적으로 1월 봉기의 일상의 현실을 그린 화가로 막시밀리안 게림스키가 있다.

1890년대를 대표하는 화가인 보이치에흐 겔슨도 역사

화를 그렸다. 특히 많은 장르에서 실력을 발휘한 그는 오히려 풍경화 부문에서 평가가 높다. 동시대의 헨리크 시에미라즈키는 고대 그리스나 로마에서 제재를 구한 작품을 제작하였다.

폴란드 회화의 매력이 역사화에만 있는 것은 아니다. 역사화의 전성기가 계속되는 19, 20세기 전환기의 '젊은 폴란드' 시대의 작품도 주목할 만하다. 모더니즘과 표현주의의 흐름을 잇는 이 시대의 화가에는 스타니스와프 비스피안스키, 보이첼라 바이스, 레온 비추코프스키, 야체크 말체프스키 등이 있다.

비스피안스키는 화가뿐 아니라 작가, 연출가, 건축가 등 다채로운 얼굴을 갖는다. 그의 조형예술 중 스테인드글라스에 큰 업적이 있으나 그 외에도 다수의 훌륭한 인물화를 남겼다. 비추코프스키도 또한 역사화에서 출발하였으나 나중에 프랑스 인상파의 영향을 받아 화풍이 바뀌었다. 말체프스키는 풍경화, 풍속화, 종교화, 초상화 등 다방면에 걸작을 남겼다.

제 2 장

왕제의 종언과 국가 소멸

—러시아·프로이센·
오스트리아에 의한 폴란드분할

스타니스와프 아우구스트 포니아토프스키

18세기 중엽 폴란드에서는 계몽주의 사상이 널리 나타나 프랑스의 몽테스키외나 볼테르의 저작이 읽히고 관습이나 전통 권위를 부정하고 인간의 이성을 신뢰하고 사회 건설을 지향하는 사상이 확산되었다. 폴란드를 대표하는 계몽 사상가로는 스타니스와프, 코발스키, 이그나츠 크라시츠키, 후고 코원타이, 스타니스와프 스타츠, 얀시냐데키와 그의 동생 안제이 스타니스와프 아우구스트 포니아토프스키 등이 대표적이다.

아우구스트 3세(재위 1733~63)가 서거하자 러시아를 배경으로 하는 차르토리스키 가문(리투아니아 출신의 유력 귀족)이 왕위 계승에 개입해왔다. 러시아의 여제 예카테리나 2세의 총신인 스타니스와프 아우구스트 포니아토프스키(재위 1764~95)가 국왕 선거에서 선출되었고 결국 폴란드의 마지막 왕이 되었다. 왕은 어떻게든 폴란드를 재건하기 위한 여러 개혁에 착수했으나 상황은 매우 나빠 할 수 있는 일이 많지 않았다. 결국 왕이 심혈을 기울여 추진한 것은 문화 예술 분야였다. 파리의 살롱을 모델로 문화인과 학자 들의 교류회를 시작하였는데 목요일 오후에 개최되어 '목요 만찬회'로 불리었다.

코시치우슈코
(카지미에시 보이냐코프스키 그림)

왕의 비호 아래 이탈리아 출신의 베르나르도 벨로토(통
칭 카날레토)는 국민 화가로 불리며 당시의 바르샤바를 사
실적으로 묘사하였다. 그의 회화는 대전 후 바르샤바의
복구 때 귀중한 자료가 되었다.

1765년 왕의 발안으로 '기사 학교'가 창설되었다. 이는
슐라흐타(중소 귀족) 출신의 가난한 청년들에게 군사교육
을 시켜 기량을 갖춘 군인으로 육성하는 것을 목표로 한
기관이었다. 독립운동으로 유명한 타데우시 코시치우슈
코도 이 학교 졸업생이다.

1773년 의회 결전으로 계몽교육에 종사하는 유럽 최초

의 교육부로 불리는 '국민교육위원회'가 설립되었다. 위원회의 멤버는 미하우 포니아토프스키(스타니스와프 아우구스트의 남동생), 안제이 자모이스키(마그나트 출신), 후고 코원타이(슐라흐타 출신), 아담 카지미에시 차르토리스키(명문 차르토리스키 가문 출신) 등이었다.

위원회는 중요한 결정을 다수 내렸는데 예를 들면 폴란드어를 교수 언어로 인정한(그때까지는 라틴어가 그 기능을 담당해왔다) 것도 그중 하나이다.

폴란드에서의 개혁의 움직임을 경계하는 러시아는 공사 니콜라이 레브닌에게 1767년 보수파 마그나트인 카롤 라즈비우를 의장으로 하는 라돔 연맹을 결성시켜 국왕 스타니스와프 아우구스트에게 압력을 가하였다. 그리고 러시아는 바르샤바에 군사를 보내 국회를 포위하여 임시의회를 개최시킨 결과 폴란드는 러시아의 요구를 받아들여 국왕자유선거제나 리베룸 베토(자유거부권)의 유지를 결의하였다.

폴란드의 슐라흐타는 이러한 러시아의 개입에 반발하여 1768년 남부의 도시 바르에 집결하여 무장 연맹을 조직하였다, 바르 연맹은 선전하였으나 1772년 러시아의 군문에 항복하였고 이 패배가 제1차 폴란드분할로 이어

(사진) 폴란드 분할에 대한 풍자화
왼쪽부터 러시아 황제 예카테리나 2세, 폴란드 국왕 스타니스와
프 아우구스트 포니아토프스키, 오스트리아 황제 요제프 2세, 프
로이센 국왕 프리드리히 2세 (노엘 류미르 그림)

졌다. 특히 폴란드분할은 이미 1769년에 프로이센의 프
리드리히 2세가 생각했던 것(이른바 '리날 백작 계획안')으로
당시 러시아에서는 폴란드 전체를 보호령으로 할 계획이
었다. 그러나 1769~70년에 오스트리아가 폴란드 왕령의
일부를 점령하자 러시아는 폴란드분할을 향해 움직이기
시작하였다. 이리하여 1772년 8월 5일 페테르부르크에
서 러시아·프로이센·오스트리아 대표들에 의해 제1차
폴란드분할에 관한 조인이 이루어졌다. 러시아는 9만 2
천㎢의 영토와 130만 명의 주민, 프로이센은 3만 6천㎢의

영토와 58만의 주민, 오스트리아는 8만 3천㎢의 영토와 265만 명의 주민을 얻었다.

미국독립전쟁에 뛰어든 폴란드인

1776년 영국의 13개의 북미 식민지가 독립을 선언하자 영국은 이를 인정하지 않았다. 독립전쟁이 일어나자 유럽에서 지원병들이 참전한 가운데 타데우시 코시치우슈코와 푸와스키라는 폴란드인도 지원하였다. 미합중국 제39대 대통령 지미 카터는 1977년 12월에 폴란드를 방문했을 때 환영식에서 두 명의 위인에 대해 다음과 같이 말하였다.

남북관계, 동서관계는 변화하고 있으나 폴란드와 미국의 유대는 오랜 역사를 지닌 강고한 것입니다.

조지아주의 우리 집 근처에서 양국의 위대한 애국자 카지미에시 푸와스키는 미국독립전쟁에서 기마대를 지휘하다 치명적 중상을 입었습니다. 내 며느리는 폴란드 출신의 이 위대한 영웅의 이름을 딴 조지아주 펄래스키군 출신입니다.

또 타데우시 코시치우슈코에게는 독립전쟁 시의 군사적 업적과 용기에 대해 우리 초대 대통령 조지 워싱턴이 경의를 표하였습니다. 코시치우슈코가 평소 자유와 정의를 위해 힘쓴 것에 대해 제3대 대통령 토머스 제퍼슨이 치하한 바 있습니다.

이러한 용감한 인물들은 인권투쟁의 세 가지 중용한 문서가 탄생할 시대에 미국인 편에 서서 싸워주었던 분들입니다. 세 가지 문서란 미국독립선언, 프랑스 인권선언, 폴란드의 5월 3일 헌법입니다.

4년국회와 5월 3일 헌법

'4년국회'(별명 '대국회')가 1788~92년에 개최되었다. '대국회'라는 별칭은 나라의 중요한 문제가 의결된 데서 붙여진 것이다. 이 국회에서는 군대의 증강, 슐라흐타나 교회에 대한 과세 등이 결정되었다. 그러나 4년국회의 최대성과는 5월 3일 헌법의 제정임은 반론의 여지가 없을 것이다.

4년국회 회기 중인 1789년 2월 후고 코원타이는 폴란드 도시민의 권리를 주장하는 청원서를 기초하였다. 대표자들이 청원서를 제출하면서 전원이 검은 옷을 입고 행진하였기 때문에 '검은 옷 행진'(바르샤바 시장 얀 데껠트가 선도)이라는 이름이 붙었다. 프랑스혁명이 진행 중이었고 폴란드에서도 혁명이 일어났다는 말도 있었기 때문에 청원서는 수리되어 그 문제를 검토할 위원회가 바로 조직되었다.

1791년 5월 3일에 4년국회에서 채택된 헌법('5월 3일 헌법'이라 불림)은 미국 헌법을 잇는 선구적인 것으로 알려져 있다.

국왕자유선거제를 폐지하고 스타니스와프 아우구스트 이후는 작센가(선제후를 낸 가문)가 왕위를 계승할 것, 리베룸 베토를 폐지하고 다수결제를 취할 것 등이 결정되었다.

아우구스트와 슐라흐타의 권한은 적어진 반면, 시민들이 토지를 소유하거나 고위 관직에 오를 길이 열렸고 전 주민은 납세의 의무를 지게 되었다. 그러나 5월 3일 헌법은 농민의 권리에 대해서는 인정하지 않았다. 제4조는 다음과 같다.

토지 상속자가 그 영지의 농민에 대해 실제로 행사하는 어떠한 자유나 허가, 계약은 그것들이 집단의 것이든 개별 마을의 주민의 것이든 공통으로 상호 의무로 한다. 이들 허가나 계약에 포함되는 조건이나 기술은 실제의 의미에 따라 나라의 통치 권력의 보호하에 두어진다. 토지 소유자에 의해 자발적으로 받아들여진 그 같은 관계와 거기에서 나오는 의무는 그 자신뿐 아니라 그 계승자나 토지소유권 획득자에 의해서도 같이 맺어져야 하고 그들이 마음대로 변경할 수 없다. 반대로 자유의사로 맺어진 계약의 경우나 허가를 받은 경우에도 일정 토지를 보유하는 농민은 그에 따른 의무를 배제할 수 없다. 그 계약에 규정된 방법과 조건하에서만 여러 대 혹은 일정 기간 그 의무를 엄수하여야 한다.

5월 3일 헌법의 기초 작업은 매우 빠른 속도로 비밀리에 진행되었다. 의회의 반대파가 개혁안을 좌절시킬 우려가 있다고 생각하여, 개혁 지지파의 대다수가 참가하여 반대파가 자리를 비운 봄 휴가 시기를 노려 상정한 것이었다.

5월 3일 헌법에 반대하는 세벨린 제부스키나 쿠사벨리

브라니키 등은 타르고비차에서 연맹을 조직하고 러시아에 군사개입을 요청하였다. 군사 충돌은 1793년의 제2차 폴란드분할로 이어졌다. 1793년 1월 23일 페테르부르크에서 러시아와 프로이센 사이에 제2차 폴란드분할이 조인되었다. 오스트리아는 바이에른 병합에 관심을 보여 제2차 분할에는 가담하지 않았다. 러시아는 25만㎢의 영토와 3백만 주민, 프로이센은 5만 8천㎢의 영토와 1백만 명의 주민을 얻었다.

코시치우슈코 봉기와 제3차 폴란드분할

스타니스와프 아우구스트가 타르고비차 연맹에 가담하자 5월 3일 헌법을 지지하는 활동가들은 망명하여 그곳에서 무장봉기의 준비에 들어갔다.

러시아가 폴란드군의 축소를 결정하면서 봉기의 결행을 서둘러 1794년 3월 24일에 봉기가 일어났다. 이날 크라쿠프의 중앙 광장에서 코시치우슈코는 다음과 같이 선언하며 전권을 장악하였다.

신 앞에서 전 폴란드 국민들에게 명을 받은 권리를 어떤 사적인 문제로 이용하지 않고 오로지 전 국경의 방위, 국민주권의 회복, 보편적 자유의 확립을 위해 그것을 행사할 것을 맹세합니다.

봉기의 목적은 분할 이전의 폴란드령의 회복이었다. 4월 4일 라츠와비체(바로바프 근교)의 전투에서 농기구로 무장한 농민병들이 러시아 정규군을 물리치는 쾌거를 올렸다. 5월 7일 코시치우슈코는 포바네츠에서 농민의 법적 권한을 인정하는 포고를 내었다.

1794년 10월 10일 폴란드 측은 마체요비체의 전투에서 패하여 코시치우슈코는 러시아군의 포로로 잡혔고 봉기는 이듬해 11월에 종언을 고하면서 제3차 분할의 출발점이 되었다.

다음 해 1795년 10월 24일 러시아·프로이센·오스트리아는 폴란드분할을 결정하였다. 스타니스와프 아우구스트는 퇴위하였고 이렇게 폴란드는 유럽의 지도에서 사라졌다.

칼럼 – 영화로 본 바르샤바

바르샤바는 폴란드 영화 산업의 중심 도시는 아니나 수도로서 각종 기능이 집약되어 있어 종종 제작 현장이 되어왔다. 여기서는 바르샤바가 어떻게 그려져 왔는가를 고찰한다.

타이틀에 '바르샤바' 내지 그 파생어가 붙는 작품으로 미하우 바신스키 감독의 〈바르샤바의 가수〉(1934), 얀 리프코프스키 감독의 〈바르샤바의 초연〉(1951), 타데우시 마칼친스키 감독의 〈바르샤바의 시레나〉(1955), 스타니스와프 리넬드비치 감독의 〈바르샤바의 주제페〉(1964), 페로님 프시비 감독의 〈파리 바르샤바 사이, 비자 없이〉(1967), 헨리크 크르바 감독의 〈바르샤바 스케치〉(1969), 에바 페테르스카, 체스와프 페테르스키 공동 감독의 〈바르샤바에서 태어난 젊은이들의 생일〉(1980), 브와지미에시 고와셰프스키 감독의 〈바르샤바의 스웨덴인〉(1991), 다이우슈 가이에프스키 감독의 〈바르샤바〉(2003), 얀 코마사 감독의 〈바르샤바 봉기〉(2014) 등을 들 수 있다. 이들 중

몇 개의 작품이 대해 언
급해보겠다.

영화감독 안제이 바이다

〈바르샤바의 주세페〉
는 제2차 대전 중에 이탈
리아 병사 주세페 산투치
(연기한 배우는 안토니오 치팔
레로 이하 같음)가 휴가로 조
국으로 돌아가던 중 우연
히 바르샤바에서 저항운동에 연루되는 이야기이다. 심
각한 테마이지만 작품은 코미디로 지하활동 특유의 어두
움은 보이지 않는다. 일본에서는 안제이 와이더(폴란드어
발음은 바이다)감독의 〈재와 다이아몬드〉(1958)의 배우로 알
려진 즈비그니에프 치불스키가 조연으로 나온다. 치불
스키에게는 몇 개의 코미디 출연 작품이 있는데 이 영화
는 그중에서도 그의 코믹 연기가 제대로 발휘된 걸작이
다. 이 작품을 통해 대전 중의 저항운동의 거점으로서의
바르샤바를 알 수가 있다.

〈바르샤바의 스웨덴인〉의 시대는 1655년으로, 3명의
10대 소년(마체이, 캇펠, 카지크)이 암약하며 바르샤바로부터
침략자를 쫓아내는 이야기이다.

1901년에 발레리 푸시보로프스키가 쓴 동명 작품이 원작으로 망국의 시대를 살았던 폴란드의 소년 소녀 들에게 용기를 주었던 작품이다. 현대에는 별로 무겁지 않은 어린이 대상 영화로 만들어져 있지만 얀 마테이코의 회화나 헨리크 시엔키에비치의 문학처럼 조국 해방에 대한 열망을 담은 메시지성이 짙은 작품이다.

〈바르샤바〉는 현대의 겨울 바르샤바를 무대로 여러 명의 인물이 18시간을 동시에 진행하는 형태로 묘사한 작품이다. 2003년에 그디니아 폴란드영화제에서 최우수작품상을 수상하였지만 그리 강한 인상을 주는 작품은 아니다. 거친 말이나 폭력은 브와디스와프 파시코브스키 감독의 〈폴리 공〉(1992) 등 미국화된 폴란드 액션 영화를 상기시킨다. 가이예프스키 작품으로 묘사되는 수도 바르샤바는 꼭 인간소외의 대도시만도 아닌 인간적 소통의 가능성이 남아 있고 절망보다도 희망이 더 큰 도시이다. 그런데 기린이 가벼운 모티브로 사용되고 있는데 이는 예지 스투흐르 감독·주연의 〈낙타가 도시로 왔다〉(2000)의 영향이라는 생각이 든다.

〈바르샤바의 봉기〉는 봉기 때 실제로 촬영된 영상을 현대의 최신 기술로 칼라 영상으로 만들고 음성을 더해

(실제 대화의 재연은 아님) 이야기로 만든 것이나 극영화로서의 완성도는 그리 높지 않다고 말할 수 있을 것이다.

작품의 무대가 바르샤바이거나 혹은 거의 대부분이 바르샤바인 작품은 일일이 열거하기 힘들 정도이다.

안제이 츄쇼스 라스타비에키 감독의 〈대통령이여 당신이 어디에 있더라도〉(1978)는 제2차 대전이 발발했을 때 바르샤바에 남아 시민과 운명을 함께 하는 선택을 한 바르샤바 시장, 스테판 스타진스키를 다룬 작품이다. 이 영화가 빼어난 것은 당시의 기록 영상과 이 영화를 위해 촬영한 영상이 기가 막히게 융합되어 있다는 점이다. 후자의 영상은 흑백일 뿐 아니라 열화된 필름에 자주 보이는 반점이나 선까지 들어가 있어 어디까지가 기록 영상이고 어디까지가 이 영화를 위해 새로 찍은 영상인지 판별이 안 될 정도이다. 스타진스키를 연기한 타데우시 보므니키가 진짜 시장처럼 보일 정도로 배우의 연기도 훌륭하다.

〈대통령의 죽음〉(예지 카바렐로비치 감독, 1977)은 1922년 12월 16일에 실제로 일어난 폴란드 제2공화정 초대 대통령인 가브리엘 나루토비치의 암살 사건을 다루고 있다. 영화는 12월 9일부터 16일까지의 일주일을 시계열풍으로

묘사한다. 그런 의미에서 바이다 감독의 〈성 주간〉(1995)
과 그 구성이 비슷하다고 할 수 있다. 그러나 〈대통령의
죽음〉에는 암살범인 엘리기우슈 네뱌드무스키(마레크 발
체프스키)의 증언이 중간중간 들어가 있는 점이 특징이다.
이 영화는 상당히 사실을 바탕으로 재현되어 있는 듯하
다. 나루토비치(즈지스와프 무로제프스키)는 바르샤바의 예술
자헨터 협회에서 암살된다. 영화에서는 이 건물 안에 마
테이코의 유명한 〈프스코프의 바토리〉가 보인다. 현재
이 그림은 바르샤바 왕궁에 소장되어 있으나 1922년 당
시에는 예술 자헨터 협회에 있었던 것이다. 카발레로비
치가 세심한 주의를 기울여 제작했음을 알 수 있다.

제 3 장

열강의 지배와
조국 해방운동
―계속되는 민족 봉기

이탈리아의 폴란드 군단

1797년 나폴레옹군이 이탈리아에서 전투할 당시 오스트리아군에는 갈리치아(폴란드 남동부에서 우크라이나 북서부를 가리키는 지역명)에서 모집된 폴란드인 병사들이 다수 포함되어 있었다. 이 폴란드인들이 나폴레옹군에 투항하자 총재정부에 의해 밀라노로 파견되었던 얀 헨리크 동브로스프스키 장군은 폴란드 군단을 편제하였다. 군단은 오스트리아군으로부터 로마나 만토바(이탈리아 북부의 도시)를 지켰다.

1801년 폴란드 군단은 셋으로 나뉘어져 두 부대는 이탈리아에 남고 하나는 프랑스군으로 흡수되었다. 프랑스군에 편입된 폴란드 부대는 다음 해인 1802년 나폴레옹에 의해 생도맹그섬(아이티)으로 보내져 그곳에서 봉기의 진압을 맡았다(이때 나폴레옹군의 시도는 실패하고 아이티는 2년 후에 독립하였다) 풍토병이 만연하는 곳에서 싸웠던 다수의 폴란드 병사들이 목숨을 잃어 약 6천 명의 파견군 중 생존자는 3백 명 정도였다고 한다.

이같이 폴란드 군단은 타 민족의 민족 봉기의 진압에 이용된 적도 있었다. 남은 두 부대는 프랑스군과 함께 모든 전선에서 전투하였고 이 군단이 폴란드에 다다른 것은 1806년에 나폴레옹이 프로이센과 전쟁을 벌일 때였다.

1797년에 이탈리아에서 폴란드 군단이 조직되었을 때 그곳에 있던 유제프 비비키 중위(동브로스프스키의 친구)는 〈이탈리아의 폴란드 군단의 노래〉를 작사하였다. 작곡자 불명의 민요 멜로디에 가사를 붙인 이 노래는 병사들의 사기를 진작시켰고, 바르샤바 공국의 중요한 행사 때마다 불리며 전해왔다. 1927년 이후 〈동브로스프스키의 마주르카〉로 폴란드 국가가 되었는데 가사는 다음과 같다.

폴란드는 아직 죽지 않았다.
우리가 살아 있는 한 이방인에 빼앗긴 것을
칼로 되찾으리
나가자 나가자 동브로스프스키
이탈리아의 땅에서 폴란드로
당신의 지휘 아래
동포와 하나가 되리

나폴레옹 치하에서

프랑스와 프로이센의 전쟁은 1806년에 프로이센의 패배로 끝이 났고 나폴레옹은 이전의 폴란드로 입성하였다. 포즈난은 첫 번째 폴란드 도시로서 나폴레옹의 입성을 환영하였다. 다음 해 1807년 틸지트조약[1] 결과 프로이센 영토의 일부에서 프랑스 지배하로 들어간 바르샤바 공국(면적 10만 4천㎢, 인구 260만 명)이 탄생하였다. 공국은 나폴레옹 법전을 따른 헌법을 갖게 되었다. 1809년의 대(對)오스트리아 전쟁의 결과 오스트리아로부터도 이전의 영토(크라쿠프, 라돔, 루블린, 시에들체)를 탈환하였다.

1812년 나폴레옹군은 대규모(약 67만 명)로 러시아원정에 나섰는데 이때 바르샤바 공국도 약 10만 명의 부대를 파견하였다. 보로디노 전투에서 러시아는 대패를 맛보고 모스크바도 함락되었다. 그러나 원정군은 큰 화재를 입고 식량, 탄약의 보급도 끊긴데다 한파에 대한 준비도 없어 결국 철수할 수밖에 없었다. 1813년 라이프치히전투(제국민전쟁)[2]에서 나폴레옹군이 패배하였고, 나폴레옹

---

1) 프로이센이 병탄했던 폴란드-리투아니아 연방에 프랑스 괴뢰국인 바르샤바 공국을 세우고 프로이센에게 1억2천만 프랑의 배상금을 지불하며 단치히를 자유시로 할 것 등을 내용으로 하는 강화조약.
2) 1813년 10월 16일부터 18일까지 나폴레옹과 프로이센·오스트리아·러시아 연합군 사이에 벌어진 전투로 제국민(諸國民)전쟁이라고도 한다.

바르샤바 공국의 헌법을 인가하는 나폴레옹
의자에 앉아 있는 인물이 나폴레옹 (마르첼로
바치아렐리 그림)

은 물러나 엘바섬에 유폐되었다.

마지막 왕 스타니스와프 아우구스트의 조카인 유제프
포니아토프스키는 1792년의 제렌체(우크라이나 서부의 작은
마을)의 전투에서 폴란드군을 지휘한 공적으로 군사공로
장(오르데르 비루투티 밀리타리)을 수여받았고, 1794년의 코
시치우슈코 봉기에도 참가한 바 있다. 나폴레옹으로부
터 바르샤바 공국의 군무대신으로 임명되었다. 또 나폴

레옹은 그의 공적을 치하하여 프랑스의 원수로까지 임명하였다. 제국민전쟁에서 퇴거하는 프랑스군을 엄호하다 그곳에서 목숨을 잃었다.

빈회의 후의 폴란드

나폴레옹 실각 후 1814~15년에 열린 빈회의 결과 바르샤바 공국은 소멸하고 대신 일부 영토에서 러시아 황제(당시는 알렉산더 1세)를 통치자로 하는 폴란드왕국이 탄생하였다. 프로이센은 구 바르샤바 공국의 서부 지역을 얻어 이를 포즈난 대공국이라 명명하였다. 오스트리아는 암염광산이 있는 비엘리치카 일대를 얻었다. 크라쿠프는 자유시가 되었고 그 일대는 크라쿠프 공화국이 되어 세 부분으로 나뉘어져 분할통치를 받았다, 사실상의 총독으로 알렉산더 1세의 동생 콘스탄틴 대공이 취임하였다.

폴란드왕국에서는 재무상 쿠사베리 루베츠키 도르츠키의 주도로 공업진흥정책을 추진한 결과 1820년대엔 우치 주변이 큰 섬유공업지대로 바뀌었다.

러시아에서는 전제정치가 행해지고 있었던 반면, 폴란

드왕국에서는 일정한 자치권이 인정되어 있었다. 그러한 러시아의 대폴란드 정책은 1825년에 러시아에서 발생한 데카브리스트의난을 계기로 바뀌게 되었다. 검거된 참가자를 조사하면서 폴란드인과의 관계가 드러나자 러시아 황제 니콜라이 1세는 폴란드인에 대한 엄벌을 희망하였으나 왕국 의회가 가벼운 처벌에 그치면서 니콜라이 1세는 반동 정치로 돌아섰다.

11월 봉기

1830년 파리에서 칠월혁명[3]이 일어나자 그 영향을 받은 유제프 비스츠키가 이끄는 사관후보생들로 구성된 비밀결사가 궐기를 결정하였다. 11월 29일 밤 콘스탄틴 대공의 저택인 베르베델궁이 습격당했으나 국왕은 자신에게 충실한 부대와 함께 교외로 도망하였다.

역사가인 요하임 레레베르와 문예비평가 마비리치 모

---

3)1830년 7월 27일부터 29일까지 프랑스에서 일어난 시민혁명으로, 프랑스에서는 영광의 사흘(Trois Glorieuses)이라고도 한다. 이로써 1815년에 왕정복고로 부활한 부르봉 왕조는 다시 타도되고, 빈체제로 구축된 정통주의는 부분적으로 붕괴하였으며, 부르주아의 지지를 받은 루이필리프가 왕위에 올랐다. 칠월혁명은 유럽 각지에 영향을 주며 빈체제를 약화시켰다.

프나츠키는 1830년 12월 1일 '애국협회'를 조직하여 봉기의 계속과 확대를 호소하였다. 한편 국민의 명성을 얻고 있던 유제프 프보피츠치 장군이 12월 5일 독재관으로 취임하였다. 프보피츠키는 봉기가 무모하다고 생각하여 콘스탄틴 대공에게 봉기를 무력으로 진압해줄 것을 요청하였다. 예상 밖으로 대공은 폴란드인 스스로 사태를 수습하라고 회답하였다. 12월 18일 의회가 이를 민족 봉기라고 선언하자 프보피츠키는 독재관을 사임하였다.

1831년 1월 25일 의회는 만장일치로 니콜라이 1세의 퇴임과 왕국의 독립을 선언하였다. 왕국과 러시아와의 연합을 결정한 빈조약의 내용에 명백히 반하는 결정이었다. 폴란드인들에게는 봉기에서 승리하여 이를 기정사실로 만들어 자신들의 결정에 설득력을 갖게 하는 것 외에는 방법이 없었다.

봉기는 1831년 5월 26일의 오스트로웽카 전투에서 패배를 맛본 후로 폴란드 측에 승산이 없는 상태였고, 9월 7일 바르샤바가 러시아군에 제압당하면서 11월에 종언을 고하였다.

대망명

11월 봉기 후 바르샤바를 몰락시킨 이반 파스케비치 [4) 장군은 왕국의 총독이 되어 살벌한 보복 정책을 폈다. 봉기 주모자를 처형하거나 시베리아 유형을 보냈고 영지나 재산의 몰수, 좌천, 대학 폐쇄 등을 강행하였다. 다른 열강의 대폴란드 분할 정책도 대동소이하였다. 이런 박해가 두려워 프랑스, 영국, 벨기에, 터키, 미국 등지로 망명하는 사람들이 다수 나왔다. 망명자 수는 1만 명이 넘어 '대망명'이라 불릴 정도였다.

망명객들은 망명지에서 조국 부흥을 위한 운동을 시작하였다. '오델 란베르파'는 그중 하나로 센강 중부 생루이섬의 란베르관을 활동의 거점으로 해서 붙여진 이름이다. 중심인물은 아담 예지 차르토리스키(아담 카지미에서 차르토리스키의 장남)로 외국 정부에 호소하여 그 압력으로 폴란드의 재생을 달성하려는 단체였다.

한편 폴란드민주협회는 1832년 3월 이른바 '소강령'을 발표하고 유럽 각국의 민중과 연합하여 러시아와 대결할

---

4) 1782~1856. 우크라이나 출신 러시아 군사지도자로 러시아-튀르키예 전쟁 등에서의 공로로 육군 원수가 되었고, 1831년에는 폴란드 봉기를 진압하여 폴란드 독립의 희망에 치명타를 입혔다. 바르샤바 총독으로 입성하면서 자치권을 제한하고 다방면의 러시아화를 추진하여 정치·경제적 강압 정책을 편 것으로 유명하다.

필요가 있다고 주장하였다. '민주협회'는 1836년 12월에는 '대강령'(통칭 '포와디에 선언')을 채택하고 계급의 평등이나 부역의 폐지 등을 주장하였으나 구체적인 방책 등은 언급하지 않았다.

급진좌파인 타데우시 크렌포비에츠키는 민주협회의 강령을 비판하고 1835년 10월 영국에서 '폴란드 인민'을 조직하였다. 주제페 마치니의 청년유럽운동[5]에 찬동하는 한 무리는 레레베르와 결합하여 '청년폴란드'를 결성하였다.

크라쿠프 봉기와 갈리치아 학살

이상 망명자 집단 가운데 가장 영향력이 컸던 단체는 '민주협회'였다. 단, 동 조직의 활동 방침은 애매하여 왕국의 실정을 직시했다고는 말할 수 없었다. 그런 가운데

---

5) 이탈리아의 사상가 주제페 마치니가 1834년에 창시한 정치결사로 이탈리아어로는 Giovine Europa라 한다. 카르보나리를 통한 국제 운동에 한계를 느끼고 있던 마치니는 새로운 범유럽적 시야를 갖는 공화주의 단체를 만들 필요성을 느껴 이탈리아뿐 아니라 독일, 폴란드, 스위스 등지의 지식인들의 호응을 얻어 결성하였다. 청년유럽당은 분권성이 특징이며, 스위스에 본부를 두고 지역마다 청년독일당, 청년폴란드당과 같은 독자적 하부 조직을 만들어 활동하였다. 프랑스혁명 이래 프랑스 중심주의가 만연하고 있던 유럽의 공화 운동으로 청년유럽당이 각지에서 혁명운동을 지원한 일은 역사적으로 매우 큰 의의를 갖는다.

에발트 뎀포프스키와 같이 무장봉기를 주장하는 자들이 나타났다. 그는 체포될 위험이 있어 1843년에 왕국을 떠나 포즈난으로 이동하였고 이듬해 1844년 '공산주의 사상'을 유포한 혐의로 포즈난에서 추방당했다. 그 뒤 그는 갈리치아로 건너갔고 '민주협회'도 봉기를 위해 움직이기 시작하였다. 봉기는 1846년 2월 21일 야밤을 틈타 세 군데 분할령에서 일제히 동시에 결행하기로 하였으나 실제로 봉기가 일어난 곳은 크라쿠프뿐이었다. 계획이 사전에 발각되어 포즈난과 왕국에서 관계자들이 체포되었던 것이다.

2월 20일 크라쿠프에서 가두 투쟁이 일어났고 이틀 후인 22일 얀 티스프스키 루드비크 고슈코프스키들은 국민 정부의 수립을 발표하였다. 국민 정부에 가담한 뎀보프스키는 농민들에게 독립운동에 참여하도록 정력적으로 호소하였으나 2월 27일 크라쿠프 근교의 보드그슈로 향하던 도중 오스트리아군과 조우하여 사살되었다. 그의 사후 봉기의 세력은 급속도로 약화되어 3월 4일에 일치감치 종언을 고하고 말았다.

크라쿠프 봉기 실패의 원인은 다른 곳에도 있었다. 오스트리아 정부는 지주에 대한 농민의 반감을 교묘하게 이용하여 봉기를 진압하려 했던 것이다. 농민들에게 봉기군에 맞서 일어난다면 포상을 하겠다고 약속하였고 농민들은 2월 18일에 행동에 나섰다. 이리하여 갈리치아에서는 약 430명의 지주 외에 1,100여 명이 살해되었다(피해자 수에 대해서는 여러 설이 있다).

갈리치아의 학살 주모자 야쿠브 쉘라의 이름은 프랑스의 〈일뤼스트라시옹〉지를 통해 국외에도 보도되었다. 폴란드에서 농민문제의 해결이 초미의 급선무임을 보여주는 모양새가 되었다.

낭만주의

19세기 전반 '낭만주의'라는 학문 예술의 새로운 사조가 나타났다. 낭만주의자들은 자유를 구가했던 예전의 폴란드를 직접적으로는 모르는 최초의 세대로 폴란드가 예속 상태로 떨어진 데는 노인들에게 책임이 있다고 추궁하였다. 아담 미츠키에비치, 유리우슈 스보바키, 지그문트 크라신스키, 알렉산데르 프레드로, 치프리안 카밀 노르비트 등, 이 시대의 문화인들이 직·간접적으로 각각의 작품으로 이 문제를 표현하였다.

음악에서는 프레데리크 쇼팽(폴란드 이름은 프리드리그 쇼팽)이나 스타니스와프 모뉴슈코가 활동하였다.

쇼팽은 마주르카나 폴로네즈로 알려져 있는 애국자로 봉기의 전면에 나서 싸우지는 않았으나 조국에 대한 사랑만큼은 대단하였다. 11월 봉기가 일어났을 때 그는 빈에서 암울한 나날을 보내고 있었다. 1830년 12월 그는 바르샤바에 있는 친구 얀 마튜셰프스키에게 다음과 같은 편지를 보내고 있다.

얀(3세 소비에스키)의 군대가 부르고 있던, 흐트러진 잔향이 지금이라도 도나우강 양쪽으로 떠다니고 있을지도 모르는 수많은 노래들을—정말 한 줌이라도 좋으니 찾아서 맞추고 싶다. (…) 아, 그녀(쇼팽의 첫사랑 콘스탄챠 그와드코프스카)나 언니나 여동생조차도 비록 붕대, 삼각 붕대를 꿰매서라도 도우려고 애쓰는데 나는 부모님께 짐만 되지 않는다면 지금이라도 돌아가고 싶지만 갈 수가 없네. (…) 살롱에서는 아무렇지 않은 얼굴로 앉아 있지만 집에 가면 피아노에 화풀이하고 있다네.

1848년 혁명과 폴란드인

　1848년 봄, 유럽에서 혁명이 연쇄적으로 발발하였다 (제국민의 봄). 파리에서 시작된 혁명은 이탈리아, 오스트리아-헝가리 등지로 파급되었다.

　포즈난과 갈리치아에서도 폴란드인의 움직임이 나타났고 포즈난 대공국에서는 '국민위원회'가 결성되어 베를린 감옥에서 풀려나온 드비크 메로스와프스키나 카롤 리베르트가 이에 참가하였다. 그러나 프로이센 정부가 포즈난의 진정鎭定에 나서자 국민위원회는 효과적으로 반격할 수 없었다. 2년 전의 '갈리치아 학살'의 기억이 생생했던 것이 이유였다. 한편 갈리치아에서는 폴란드어의 공용어화와 부역의 폐지를 요구하는 청원이 나왔으나, 슐라흐타와 농민의 분단을 꾀하는 오스트리아 총독 프란츠 슈타디온의 정책이 효과를 내어 폴란드 측의 시도는 실패로 끝났다.

　폴란드인은 타국의 해방운동에도 힘을 써 헝가리에서의 전투에서는 유제프 벰 장군—11월 봉기에도 참가하였고 오스트로웽카의 전투 등에도 공적이 있었다—등 다수의 폴란드인들이 참가하였다. 헝가리에서의 봉기가 결국 실패로 끝나자 벰은 튀르키예로 가서 싸웠고 그곳에서 이슬람교로 개종하여 무라트 파샤로 개명하였다.

미츠키에비치는 로마, 다음으로 롬바르디아(밀라노를 포함한 이탈리아 북서부의 주)에서 오스트리아와의 전투를 위해 의용군을 조직하였다. 1895년에는 파리에서 잡지 〈제국민의 논단〉을 창간하여 민족의 단결과 해방을 호소하였다.

1월 봉기

1861년 2월 25일 11월 봉기 최대 전투인 오르신카 그로호프스카 전투를 기념하는 데모가 바르샤바에서 개최되었다. 다수의 시민이 참가한 이 데모를 진압하기 위해 군이 발포하여 다섯 명의 희생자가 나온 데 대해 바르샤바의 자본가들은 '시 대표단'을 결성하여 희생자의 성대한 장례를 거행하였다. 당국이 이때 비교적 관대한 자세를 보인 것은 크림전쟁(1853~56)의 패배와 농노해방령(1861년 2월)으로 제국의 세력이 약화되었기 때문이다. 그러나 3월 27일 러시아 당국은 민족운동을 억누르기 위해 폴란드인의 알렉산데르 비에로포르스키를 왕국의 '신앙대중교육 관리평의회' 장관으로 지명하였다. 비에로포르스키는 4월 시 대표단과 농업협회(농업 수준의 향상과 근대화를 목표로 안제이 자모이스키가 1858년에 조직)를 해산시켰다. 민중은 다시 항의 행동에 나섰고 결국 10월에는 왕국 전역에 계엄령이 내려졌다.

급진파는 야로스와프 논프로스키를 지휘관으로 붉은색당(적당)을 조직하여 봉기를 위해 지하로 들어갔다. 한편 유산계급의 애국자들은 레오폴드 크로넨베르크를 지휘관으로 흰색당(백당)을 조직하여 붉은색당의 급진적 동향을 경계하였다.

1863년 1월 22일 붉은색당 지도부는 '임시국민정부'를 칭하며 봉기 선언을 하였고, 동시에 농민해방령을 발표하여 농민에게 무상으로 토지를 부여할 것을 약속하였다. 흰색당은 처음에는 봉기를 지켜보고만 있었으나 봉기가 각지로 확대하자 2월 말 참가를 결정하였다. 그러나 역으로 국민 정부 안에서 붉은색당과 흰색당 사이에 주도권 다툼이 발생하여 국민 정부는 혼란에 빠졌다. 이에 따라 농민해방령이 다시 논의하게 되면서 농민들은 봉기에 등을 돌렸고 봉기는 점차 열세로 돌아서게 되었다.

10월 17일 붉은색당의 로무알드 트라우구트가 독재관이 되어 농민해방령을 실시하려 하였다. 이에 대해 러시

아는 1864년 3월 2일 해방령과 거의 동등한 다른 농민해
방령을 발표하였다. 농민들은 임시정부보다도 러시아
정부에 기대를 거는 결과가 되어, 4월 11일 트라우구트
가 체포 처형되자 봉기는 급속도로 쇠퇴하였다. 체포된
다수의 폴란드인들은 재산을 몰수당하고 시베리아 유형
에 처해졌다.

실증주의

1월 봉기의 패배 후 폴란드인은 독립의 조기 회복을
포기하고 무장투쟁을 추진하는 대신, 경제적·문화적으
로 폴란드 민족의 강화를 지향하는 이른바 '유기적 노동'
을 시도하였다. 이를 기치로 내건 실증주의의 움직임은
학문의 발달, 기술혁신, 문화적 진전에 기여하였다. 이
시대의 작가로 『쿠바디스』와 삼부작 『불과 칼로』·『대홍
수』·『판 보워디요프스키』로 알려진 헨리크 시엔키에비
치가 있다. 시엔키에비치는 1905년에 노벨문학상을 수
상하였다. 그 밖에 볼레스와프 프루스, 엘리자 오제슈코
바, 스테판 제롬스키, 브와디스와프 레이몬트(1924년 노벨

마리아 스크워도프스카 퀴리

문학상 수상) 등이 활약하였다.

미술에서는 얀 마테이코, 알렉산데르 기에림스키와 그의 형 유제프 헤우몬스키 등이 등장하였다.

이 시대에 바르샤바에서 태어나고 자란 인물 중에 나중에 노벨상을 두 번이나 받은 마리아 스쿼도프스카(프랑스인 과학자 피에르 퀴리와 결혼하여 흔히 퀴리 부인으로 알려져 있다)가 유명하다. 그녀는 자서전에서 이 시대의 모습을 다음과 같이 쓰고 있다.

아이들은 늘 의심의 눈초리로 감시당하고 있고 조금이라도 폴란드 말을 쓰거나 조심성 없는 말을 하거나 하면 그것만으로도 아이들은 물론, 부모까지도 불이익을 당할 것을 잘 알고 있었습니다. 이렇게 적의에 가득한 환경에서 아이들은 모든 인생의 즐거움을 빼앗겨 너무나 일찍부터 품게 된 불신과 원한의 감정은 악몽처럼 그들의 어린 영혼을 짓밟았습니다. 그러나 한편으로는 이렇게 이상한 성장 조건이 폴란드의 젊은이들의 애국적 감정을 격하게 불붙인 것도 부정할 수 없는 사실입니다.]

제 정당의 탄생

1860년대 후반부터 80년대에 걸쳐 폴란드왕국에서는 공업화가 진전되어 그에 따른 노동운동도 활발해졌다. 1882년 루드비크 바린스키는 최초의 사회주의정당 '프롤레타리아트'를 결성하였으나 다음 해 다수의 멤버가 체포되어 해산하였다.

1892년 우치에서 왕국 최초의 총파업(제네스트)이 일어나면서 이를 계기로 본격적으로 정당 창당 움직임이 가속화되었다. 다음 해 1893년 '프롤레타리아트'의 흐름을 잇는 폴란드왕국사회민주당이 결성되었다. 1900년 이 당은 폴란드왕국-리투아니아사회민주당으로 개칭하여 민족의 독립은 지향하지 않고 노동자의 연대를 표방하였다. 중심이 되어 활동한 이념가는 나중에 독일에서도 활동하게 되는 로자(폴란드 발음은 루자) 룩셈부르크이다.

이에 대해 1892년 파리에서 결성된 폴란드사회당은 민족의 독립을 지향하고 있었다. 사회당에는 노동운동을 이용하여 민족 독립을 달성하려는 집단(장로파)과 사회주의운동을 민족 독립에 이용하려는 집단(청년파)의 두 그룹이 존재하였다. 전자의 중심 활동가는 티투스 필리포비치, 비토르트 요토코 나르케비치, 유제프 피우수트스키(나중에 폴란드공화국 건국의 아버지로 불림), 레온 바실레프스키 등이 있었고 후자에는 마리안 베레키, 유제프 치셰프스키, 베르날드 샤피로 등이 있었다.

1897년에 폴란드왕국에서 탄생한 국민민주당도 중요 정당으로 민족주의를 기본 이념을 내걸었으나 즉시 독립은 주장하지 않고 러시아 정부와의 타협까지도 선택지로 생각하고 있었다. 반사회주의, 반유대주의를 표방하며 로만 드모프스키가 활동의 중심에 있었다.

1904년 2월에 발발한 러일전쟁은 폴란드인에게 큰 영향을 끼쳤다. 7월 피우수트스키와 필리포비치는 일본으로 건너가, 일본 정부와 군부에 대해 러시아에 적대하는 일본과 폴란드가 군사 협력을 맺는 것이 이치에 맞다고 설명하였다. 한편 드모프스키는 사회당의 움직임을 사전에 간파하여 더 일찍 5월에 일본에 가서, 일본 정부와 군부에 대해 폴란드에서 혁명이 일어나는 사태는 일본에게 불리하다는 설득을 시도하였다. 일본 측은 결국 폴란드사회당의 요청을 거부하였다. 드모프스키의 설득 공작이 어느 정도 영향을 끼쳤는지는 알 수 없으나 결과적으로는 국민민주당 측의 승리였다.

1905년 제1차 러시아혁명이 일어나자 이에 호응하기 위해 바르샤바 근교나 우치의 공업지대를 중심으로 약 40만 명이 파업에 돌입하였다.

제1차 대전과 그 영향

폴란드인들은 유럽의 체제를 변혁시킬 대전의 발발을 기다리고 있었다. 1914년 6월 28일 사라예보(오스트리아헝가리제국 내의 보스니아-헤르체고비나의 수도)에서 오스트리아 황위계승자 프란츠 페르디난트 부부가 세르비아의 한 청년에 의해 암살당하자 오스트리아는 세르비아에 선전을 포고하였다.

세르비아를 지지하는 러시아가 이에 참전하자 러시아에 대해 독일이 선전포고를 하여 독일·오스트리아 대 러시아의 구도가 형성되었다. 이는 즉 폴란드분할을 주도한 당사국들의 대립을 의미하는 것이므로 폴란드는 이를 독립의 호기로 여겼다. 전쟁이 발발하자 독일과 러시아 모두 폴란드의 협력을 원했으나 오랜 지배를 받아온 폴란드로서는 어느 쪽도 신뢰할 수 없었다.

1908년 피우수트스키와 카지미에시 소슨코프스키는 갈리치아에서 '적극투쟁동맹'을 조직하였다. 크라쿠프에서 폴란드왕국을 향한 부대는 이후 폴란드군의 핵심이 되었다. 1914년 8월 폴란드 군단이 결성되자 러시아와 싸우게 되었고 군단의 제1여단장에 피우수트스키가 취임하였다.

1916년 11월 독일, 오스트리아 양국은 러시아로부터 빼앗은 땅에 폴란드 세습 왕국을 건설할 것을 선언하였다. 이 '2황제 선언'은 폴란드인에 대한 지배를 오스트리아가 독일에 양보한 것을 보여줌과 동시에, 폴란드인을 쉽게 징병하여 서부전선으로 보낼 목적에서 나온 것이었다. 그러나 독일은 폴란드 군단은 동맹 조직이 될 수 없다고 판단하고 1917년 7월 피우수트스키를 체포하여 마그데부르크 요새에 수감하였다.

1917년 9월 바르샤바에 폴란드왕국의 집행기관인 섭정 회의가 열렸다. 독일의 패배는 결정적인 것이 되었고 1918년 동맹군은 군사작전을 중지하였다. 섭정 회의는 피우수트스키에게 폴란드군의 지휘권을 양도하였다. 1918년 11월 7일 임시정부가 수립되었고 나흘 후인 11월 11일 제1차 대전이 종료되어 폴란드는 123년 만에 독립을 회복하였다.

칼럼 – 폴란드인의 성

　폴란드인들의 성은 40만 개 이상이라고 할 정도로 매우 많다. 외국인들은 발음하기도 어렵고 외우기도 힘들다고들 하고 사실이 그러한데, 그들의 성에는 어떤 의미가 담겨있는 것일까. 여기서는 이 책에 나오는 몇 개의 성을 중심으로 설명할까 한다.

　-ski/-cki로 끝나는 성은 전체의 35.6%를 점하며 가장 일반적인 타입이다. 슐라흐타(중소 귀족)에서 기원하여 지명에서 유래된 것이 많다. -ski/-cki는 형용사의 어미로 예를 들면 크라코프스키(Krakowski)는 지명의 크라쿠프(Kraków)에서 유래한 것으로 본래 '크라쿠프의'라는 의미이다. -ski/-cki가 붙는 성의 여성형으로는 -ska/-cka가 있다. 차르토리스키(Czartoryski), 동브로브스키(Dąbrowski), 피우수트스키(Piłsudski), 시코르스키(Sikorski), 코모로브스키(Komorowski), 야루젤스키(Jaruzelski), 카친스키(Kaczynski) 등은 지명에 유래하는 것으로 보인다. 인명에서 유래사는 -ski/-cki형의 성도 있다. 바실레브스

키(Wasilewski)는 인명 바질리(Bazyli)에서 온 것이다. 퀴리 부인의 이전 성인 스쿼도브스카(Skłodowska)는 지명이나 인명 유래가 아닌 '협력자'를 의미하는 고대 폴란드어 składnik에서 유래한다.

-ak으로 끝나는 성은 '~의 아들'을 의미하고 전체의 11.6%를 차지한다. 파블락(Pawlak)은 인명 파베우(Paweł)에서 왔다. 일반명사가 파생원인 경우도 있다. 키슈차크(Kiszazak)는 kiszka(창자의 의미)에서 유래했다.

-ik/-yk로 끝나는 성은 전체의 2.3%를 차지하며 인명에서 파생된 것이 많다. 치모셰비치(Cimoszewicz), 마르친키에비치(Marcinkiewicz), 미키에비치(Mickiewicz)는 각각 사람 이름인 티모테우시(Tymoteusz), 마르친(Marcin), 미코와이(Mikołaj)에서 유래한다. 발체로비치(Balcerowicz)는 독일어의 인명 발쩌(Balzer) 또는 발타자르(Balthasar)가 기원으로 생각된다.

이 이외의 접미사를 갖는 성이나 특정 접미사가 없는 성을 열거해본다. 어원은 대표적인 학설로 설명한다.

· 코시치우슈코(Kościuszko): ①kość('뼈'의 뜻), ②인명 콘스탄티(Konstanty)로부터

· 바이다(Wajda): ①폴란드 고어의 wajda('양치기'의 리더

의 뜻), ② wajd를 어간으로 하는 지명, 바이두브카
(Wajdówka)나 바이디(Wajdy) 등으로부터

· 고무우카(Gomuika): ①폴란드 고어의 gomoiy('뿔'의 의
미), ②gomółka(구형·원추형의 치즈라는 뜻)로부터

· 기에레크(Gierek): ①인명 게르바지(Gerwazy), 게르트루
다(Gertruda), 게랄드(Gerald) 등, ② grać('놀다, 플레이하다'
의 뜻)에서 유래

· 바웬사(Waięsa): waięsaćsię('표류하다'의 뜻)으로부터

덧붙여 쇼팽(Chopin)은 폴란드 성이 아니다(아버지가 프랑
스인). '격렬한 일격'이라는 뜻이다.

제 **4** 장

양 대전 전간기
—잠깐의 독립과
피우수트스키 체제

제1차 대전 후의 국경 확정

1919년 파리 교외의 베르사유에서 강화회의가 열려 이로써 제1차 세계대전이 정식으로 종결되었다. 그러나 폴란드 국경에 대해서는 애매한 점이 많아 서부 국경은 포즈난과 실롱스크(폴란드 남서부의 지역명)의 접경지대가 폴란드령이 되었다. 그단스크(단치히)와 발트해로 이어지는 이른바 '폴란드 회랑'[1]이 설치되었기 때문에 동프로이센과 독일 본국은 분단되었다. 그단스크는 국제연맹 관할하의 자유시가 되었고, 폴란드의 일부 지역의 경계선은 주민투표로 결정하기로 하였다.

비엘코폴스카(폴란드 중서부의 지역명, 중심 도시는 포즈난)는 주민투표로 귀속을 정하게 되어 있었으나, 포즈난 주민들은 이를 기다리지 않고 전투로 폴란드령으로 만들 길을 선택하였다. 피아니스트이자 정치가인 이그나치 파데레프스키의 포즈난 방문에 독일이 반대한 것을 계기로 주민들이 봉기하였다. 전투는 1918년 12월에 시작하여 다음 해 2월까지 이어졌다. 봉기는 성공하여 비엘코폴스카는 폴란드령이 되었다.

---

1) 제1차 세계대전 후에 베르사유조약으로 폴란드령이 된 서프로이센과 포즈난의 북부 지방. 폴란드와 발트해를 잇는, 폭 32~112km의 긴 땅이다.

실롱스크도 주민투표로 귀속이 결정될 지역이었으나 열세를 예상한 폴란드는 두 번에 걸쳐 봉기를 시도하였다(1919년과 20년). 주민투표는 1921년에 실시되어 예상대로 폴란드에 불리한 결과가 나왔다(60%의 주민이 독일로의 귀속 희망). 실롱스크의 반 정도가 독일령이 될 가능성이 나오자 폴란드 주민투표위원회 의장인 보이치에흐 콜판티는 총파업을 선언하였다. 이것이 제3차 봉기로 이어져 폴란드 측의 완전 승리는 아니었으나 공업지대를 포함하여 경제적으로 매력 있는 지역이 폴란드령으로 되었다.

폴란드-소비에트 전쟁

폴란드와 소비에트러시아와의 전쟁은 1920년부터 다음 해 1921년까지 이어졌다. 볼셰비키(러시아사회민주노동당의 레닌파. '다수파'의 뜻)는 폴란드에서 노동자혁명을 수행하기 위해 가능한 한 넓은 지역을 폴란드로부터 얻어내려 하였다. 한편 피우수트스키는 폴란드·리투아니아·벨라루스·우크라이나로 연방을 구성하여 소비에트러시아의 움직임을 견제하려 하였다. 연합국 최고회의는 1919

비스와의 기적 (엔지 코사크 그림)

년 12월 폴란드와 러시아의 잠정 국경을 이른바 '커즌선'
으로 하는 안을 채택하였다. 이는 영국 외상 조지 커즌이
제창한 경계선으로, 비아위스토크(폴란드 북동부 도시)의 동
쪽과 부크강(비스와강의 지류)을 이은 선이었다. 그러나 피
우수트스키는 최고회의의 결정에 승복하지 않았다.

1920년 5월 7일 폴란드군은 키예프(우크라이나의 도시)를
점령하였으나 소비에트의 반격을 받아 에드바르트 리
츠-시미그위 원수는 철수를 명하지 않을 수 없게 되었
다. 7월 30일 폴란드인 공산주의자들은 비아위스토크에
서 폴란드임시혁명위원회를 조직하였다. 폴란드군은 고
전 끝에 8월 바르샤바 근교에서 소비에트군의 진군을 저

지하였다('비스와의 기적'이라 불림). 전쟁은 1921년 3월 리가에서의 조인으로 끝이 났다(리가 조약[2]).

폴란드는 약 39만㎢의 영토와 2,700만의 인구를 가진 국가가 되었다. 그러나 7할 정도의 폴란드 인구는 타민족(주로 우크라이나인, 벨라루스인, 유대인, 독일인)이 점하고 있었다.

3월헌법

1921년 3월 17일 폴란드공화국 헌법이 채택되었다. '3월헌법'으로 불리는 이 헌법은 프랑스 제3공화정 헌법을 모범으로 했으며, 핵심 내용은 다음과 같다.

임기 7년의 대통령은 상하 양원에 의해 선출된다. 대통령은 내각을 임명하지만 내각은 하원에 대해서만 책임을 진다. 국회는 자체 해산권이 있고 대통령은 상원의 3분의 2의 동의 없이는 의회를 해산할 수 없다.

---

2) 총 26개조로 구성되었다. 폴란드는 3,000만 루블에 해당하는 금을 전쟁배상금으로 받으며, 14조에 따라 2,900만 루블 상당의 철도 자재를 받고, 러시아는 과거 폴란드 왕실이 수집했던 야기에우워 태피스트리와 잘루스키 도서관(폴란드어: Biblioteka Załuskich)의 소장품 등 1772년 이래로 폴란드 영토에서 획득한 국보와 예술품을 반환할 것 등을 내용으로 한다. 또한 양측은 이후 추가 전쟁배상권을 포기하며, 3조에 의해 폴란드와 리투아니아 간 국경을 확정한다고 정하였다.

이같이 입법부의 권한이 강하고 행정부의 권한이 약한 것은 피우수트스키가 대통령에 당선되어 권력을 독점할 것을 우려한 국민민주당의 책략 때문이었다. 이에 대해 피우수트스키는 대통령 입후보를 사퇴하였다.

이듬해 1922년 12월 9일 가브리엘 나루토비치가 폴란드 초대 대통령에 선출되었다. 그의 당선 배경에는 의회 좌파와 중도 세력의 표가 있었고, 의회 우파는 나루토비치가 선출된 것은 유대인 표가 있었기 때문이라고 선전하였다. 그 선전에 흥분한 광신적 민족주의자 에리기바슈 네바드무스키는 12월 16일 나루토비치를 암살하였다(네바드무스키는 다음 해에 처형당함).

같은 달 20일 나루토비치 후임으로 피우수트스키가 지지한 스타니스와프 보이치에호브스키가 선출되었다.

피우수트스키 체제

피우수트스키는 대통령 선거 입후보 사퇴를 표명한 뒤 슬류베크(바르샤바 근교의 소도시)에 칩거하고 있었지만, 다른 한편으로 정치에 관여하며 정치가를 통렬히 비판하고

보이치에호브스키 대통령과 회담 후의 피우스투스키(중앙)

의회와는 대립 관계에 있었다.

1926년 5월 10일 정적인 빈첸티 비토스가 수상에 취임하자 이틀 후 피우수트스키는 쿠데타를 결행하였다. 심복인 루치안 제리고프스키 장군은 바르샤바 근교의 렌베르투프에 피우수트스키파의 부대를 집결시켰다. 전투는 3일 간 계속되었고 사망자가 5백 명에 달했다. 보이치에호브스키 대통령과 비토스 수상은 사임하였다.

쿠데타는 성공리에 끝났으나 피우수트스키는 전권을 장악하려 하지 않았고 대통령에 이그나치 모시치츠키가, 수상에 카지미에시 바르텔이 취임하였다. 그러나 1926

년 10월부터 1928년 6월 사이에는 피우수트스키가 수상 자리에 앉아 있다(바르텔은 부수상을 역임).

1928년 3월 선거 시 피우수트스키 진영은 정부 기능의 강화 외에는 명확한 강령을 제시하지 않았다. 선거 결과는 신정부 세력 25.7%, 좌익 26.8%, 소수민족 21.6%로 바르텔은 같은 해 6월 다시 수상이 되었다.

선거 후 정부가 선거에서 국회의 승인을 거치지 않고 국고에서 8백만 즈워티를 유용한 사건이 발단이 되어 여당과 야당의 대립이 격화되었다. 1929년 3월 가브리엘 체보비치 경제장관은 탄핵되고 바르텔 수상도 사표를 제출하였다. 피우수트스키는 4월 카지미에시 시비탈스키를 수상으로 지명하였다.

1929년 10월 피우수트스키는 무장한 장교 100명을 대동하고 개원 중인 국회에 모습을 나타내 이그나치 다신스키 하원의장의 제지를 무시하고 의회를 위협하였다. 12월 다시 바르텔이 내각을 조직하였고 그 후에도 단명내각이 이어졌다(발레리 스와베크 내각, 1930년 3~8월), 제2차 피우수트스키 내각(1930년 8~12월).

1930년 11월 총선거 전에 다수의 야당 활동가들이 체포되었는데 이는 친정부파의 승리를 위한 공작이었다.

선거 중인 12월 4일, 제2차 스와베크 내각이 발족하였고 그 후 수상 자리는 피우수트스키에게 충실한 이른바 '대좌 그룹'이 차지하게 되었다. 피우수트스키주의자는 '사나치아(정화, 건전화)'라 불렸고 이들은 1935년에는 헌법 개정을 실시하여 '4월혁명'이라 일컫는 새 헌법을 성립시켰다. 4월헌법은 국회의 권한을 축소시키고 대통령에게 큰 권한을 부여한 것이었다.

1935년 5월 피우수트스키가 서거하였다. 피우수트스키가 독재자였던 것은 부정할 수 없으나 파시스트였다고 말하기는 어렵다. 사나치아가 대중운동이 된 적도 없고 반유대주의를 주장한 사실도 없다. 아니, 오히려 피우수트스키는 소수민족의 옹호론자였다. 원래 사나치아는 좌파에서 우파까지 범위가 넓고 피우수트스키는 그때마다 사나치아 좌파와 대좌 그룹을 나눠서 이용했던 것이다. 피우수트스키는 전후의 사회주의 시대에 규탄당하고 무시당하기도 하였으나 1991년의 공산 정권 붕괴 이후에는 건국의 아버지로 재평가되고 있다.

1920년대 후반부터 1930년대에 걸친 정치 정세의 불안은 세계공황으로 더욱 혼란스러워졌다. 농업국 폴란드는 나라 전체가 공황의 영향을 받았고 이는 공업에도

영향을 미쳐 1935년에는 실업률이 40%에 달할 정도로
치솟았다.

제2차 대전 직전의 폴란드 외교

폴란드 외교의 기본은 프랑스와의 동맹 관계가 우선이
었으나 독일과 소련 양 대국 사이에서 등거리외교를 유
지한다는 자세로 전환하였다. 1932년에 소련과, 1934년
에는 독일(히틀러가 1933년 수상에 취임)과 불가침조약을 체결
하였다. 친불 외교를 채택한 아우구스트 잘레스키 외무
상을 대신하여 1932년 외무상에 취임한 유제프 베츠크
는 1935년에 피우수트스키가 사망하자 친독일 외교를
전개하였다. 그러나 독일의 재군비 이후 베츠크 외교는
파탄에 조짐을 보여 독일의 오스트리아 병합에 관여하거
나 뮌헨회담을 근거로 체코로부터 체신 지방을 빼앗기도
하였다. 그리고 베를린·로마 추축(樞軸)에 이어 동구 제
국 연합을 구상하였다. 베츠크 외교는 독·소 양국 사이
에 위치한 폴란드의 지정학적 위치를 과대하게 고려한
결과였다.

1938년 10월 24일 독일 외상 요하힘 폰 리벤트로프는 주독일 폴란드대사 유제프 리프스키에 대해 일련의 요구를 제시하였다. 그단스크(단치히)의 독일에의 병합을 인정할 것, 포모제를 경유하여 동프로이센으로 이어지는 고속도로 및 철도의 부설을 인정할 것, 폴란드의 방공협정(코민테른 공산주의 정당에 의한 국제조직의 타도를 위해 1936년에 일본과 독일 사이에 체결) 참가를 요구하는 것이었다.

폴란드는 이 요구들을 완전히 거부하였다. 리벤트로프는 다음 해인 1939년 1월 25~27일에 바르샤바를 방문하여 다시 요구하였으나 폴란드의 회답은 바뀌지 않았다. 독일과 소련 양국 사이의 등거리외교 방침 때문에라도 독일에 양보할 수는 없었던 것이다. 리벤트로프의 이 1월의 방문에 대해 베츠크는 나중에 다음과 같이 회고하고 있다.

그러나 3월 21일 리벤트로프는 다시 리프스키에게 요구를 들이댔다. 폴란드는 이번에도 요구를 거절하였고 동시에 영국과의 교섭을 진행하여 결과적으로 영국 수상 네빌 체임벌린으로부터 다음의 약속을 끌어냈다. "폴란드 정부가 자국의 군사력으로 저항할 필요를 인정한다. 분명히 독립을 위협하는 행동에 대해서 영국 정부는 가능한 모든 수단을 통해 폴란드를 지원할 의무가 있다"(3월 31일의 하원의회). 4월 13일 프랑스도 폴란드 정부에 대해 영국과 같은 보장을 발표하였다.

4월 28일 히틀러는 1934년에 체결된 독일-폴란드 불가침조약의 파기를 선언하였다. 독일과 폴란드 관계는 날이 갈수록 악화되었다. 그러나 베츠크는 여전히 전쟁의 위기를 현실적으로 고려하지 않고 있었다.

칼럼 – 국제공통보조어 에스페란토

에스페란토란 유대계 폴란드인 안과 의사인 루드비크 자멘호프(1859~1917)가 창안하여 1887년에 발표한 계획 언어(인공언어)이다. 계획 언어라 하면 컴퓨터 언어와 같은 것을 연상하기 쉬우나 에스페란토는 기존의 자연언어에 크게 의거한 언어이다. 어휘를 보면 로망스어군에서 비롯된 유래가 약 75%, 게르만계 언어 유래가 약 14%, 슬라브계 언어에서 온 것이 약 1%, 그리스어계 유래가 약 5%라는 조사 결과를 보면, 빌려온 언어가 매우 많은 것이 분명하다.

자멘호프의 에스페란토 창안에는 그가 태어나서 자란 환경이 크게 영향을 미쳤다. 그는 제정러시아 지배하의 폴란드의 도시 비아위스토크에서 태어났다. 러시아어, 폴란드어, 독일어, 이디시어(주로 동유럽계 유대인이 사용한 독일어의 변종) 등을 모어로 하는 다민족이 사는 도시였고 많은 민족들이 적대하고 있었다. 어린 시절 자멘호프는 언어의 차이가 대립의 원인이라고 생각하여 공통의 언어가 있다면 이 문제도 해결되지 않을까 생각하였다. 그렇다고 그것만이 에스페란토어를 만든 이유는 아니다.

자멘호프는 유대 문제를 해결하는 데도 에스페란토어의 이용 가치가 있다고 생각하였다. 디아스포라(민족 이산)의 역사가 있는 만큼 이 경우 어느 자연언어(혹은 민족어)를 유대 민족의 공통어로 채택하는 것만으로는 언어 면에서의 본질적인 문제 해결은 되지 않는다.

자멘호프와 대개 동시대의 벨라루스 출신 엘리에제르 벤 예후다(1858~1922)[1]는 언어가 가진 정치력을 주목하여 조상 대대로 사용해온 히브리어에 영어나 아랍어를 섞어 사용함으로써 현대 히브리어를 '창조'한 것이었다. 벤 에후다의 시도가 성공한 것은 링구아 프랑카(국제 공용어)를 요구하는 유대 민족의 절실한 요구가 있었기 때문이었다. 세계에 흩어져 살던 유대인이 옛 땅 팔레스타인으로 돌아가면서 각 지역의 말이 아닌 공통어를 필요로 하였던 것이다. 현대 히브리어는 재생된 언어였기 때문에 중립적인 언어였다. 이런 점도 이스라엘의 공용어로 하는 데 중요한 점이 되었고, 유대 민족의 신앙의 언어라는 사

---

1) 1857~ 1922년. 벨라루스 태생의 유대인으로, 후에 이스라엘로 이주한 언어학자이다. 히브리어 부활의 최대 공적자로서, 사멸한 고대 언어였던 히브리어를 현대적 일상 언어로 탈바꿈시켰다는 평가를 받고 있다.

실도 무시할 수 없었다.

현대 히브리어는 계획 언어가 수백 만 명의 언어가 될 수 있다는 것을 보여주고 있다. 이는 동시에 역시 계획 언어는 국가어로 채택되지 않으면 기능하기가 어렵다는 것도 보여주고 있다.

자멘호프도 역시 고전어의 재생을 생각한 적이 있었다. 아무리 라틴어나 고전 그리스어가 어려워도 이들 언어가 유대 민족의 히브리어처럼 구심력을 갖는다면 인류 공통의 언어로서 현대에 재생시키는 것은 가능할지 모른다.

에스페란토어는 비교적 배우기 쉬운데 이는 창안자가 많은 궁리를 했기 때문이다. 예를 들면 문자와 발음 사이에 거의 일대일의 대응 관계가 있는 점, 문법이 매우 간단한 점(문법은 불과 한 페이지로 정리될 정도이다), 예외가 거의 없고 명쾌한 조어법 등을 들 수 있다. 이렇게 보급하기 좋은 장점이 있는데도 전 세계의 현재 에스페란토 인구는 많아야 백만 명 정도에 지나지 않는다. 한 세기 넘게 사용한 역사로 보아 이는 결코 많은 숫자가 아니다.

자멘호프가 계획 언어를 창안할 필요를 느낀 것은 앞서 말했듯이 다수의 민족이 서로 늘 으르렁거리던 고향의 상황 때문이었다. 그러나 오늘날은 같은 언어를 사용하면서도 적대 관계에 있는 국가도 존재하므로 공통언어가 있다고 해결되는 단순한 이야기는 아니다. 에스페란티스트(에스페란토 사용자) 가운데에는 섬이라도 사서 독립국을 세우고 에스페란토어를 공용어로 하면 어떨까 생각하는 사람들도 있다. 이렇게 되면 한 세대가 지나면 에스페란토는 피진(pidgin) 크리오요(criollo)화되어 아주 일반적인 민족어의 하나가 될 것이다(이언어異言語 간 커뮤니케이션의 산물로 생겨난 언어가 피진어, 그것이 다음 세대에서 모어母語가 된 것이 크리오요어이다). 그렇게 되면 복수 민족을 이어주는 언어로서의 에스페란토의 이념은 없어지게 될 것이다.

에스페란토에 회의적인 사람들은 "에스페란토로 감정의 기능을 표현할 수 있는가" "에스페란토로 된 (창작) 문학이 있는가" "에스페란토에 문화 이름에 걸맞은 것이 있는가"와 같은 질문을 많이 한다. 첫 번째 질문인 감정 부분에 대해서는 '거의 가능'하다는 것이 내 사견이다. 제2의 질문에 대해서는 '있다'가 정답으로, 다른 답은 없다. 에스페란토는 그 탄생의 순간부터 창작 문학이 존재한다. 제3의 질문에 대한 대답도 '있다'이다. 130여 년 동안 사용한 역사를 거쳐 에스페란토에도 독자적인 문화가 있다. 일례로 창작 문학 등에서 엿볼 수 있는 코스모폴리타니즘을 지적할 수 있을 것이다.

에스페란토로 상당히 섬세한 뉘앙스를 표현할 수 있는 것도 사실이지만 자연언어의 경우와 같은 관용 표현은 많지 않다. 각 에스페란티스트들이 각자의 모어에 의거한 관용 표현을 창조하여 많이 쓴다면 소통이 잘 되지 않을 경우가 생길지 모른다. 실로 그러한 점이 에스페란토의 방언화·분화에 브레이크를 걸고 있는 듯하다. 일본인 에스페란티스트에게는 일본어적인 에스페란도가, 폴란드인 에스페란티스트에는 폴란드어적인 에스페란토가 가끔 보이는 것은 사실이나 각각 상대에게 이해 가능한 에스페란토를 쓰려고 노력하는 경향이 있다. 그 때문에 에스페란토의 표현은 직접적인 것이 적지 않고 애매한 표현은 많지 않다. 그러나 그것을 보고 '감정의 섬세한 부분을 표현할 수 없다'고 결론짓는 것은 곡해이다.

앞으로 수십 년 안에 에스페란토 인구가 폭발적으로 증가할 징조는 보이지 않는다. 장래에 에스페란토의 보급이 어느 정도 진행되면 다음 두 가지가 중요해질 것이다. 하나는 영어 등 중심 언어의 화자들이 그 '기득 권익'에 구애받지 않고 어떻게 타 언어를 존중하는 겸허함을 가질 수 있는가, 즉 영어권 화자의 의식 개혁 문제이다.

또 하나는 현 단계에서 여유 있는 사람들의 도락이나 취미 정도로 생각되고 있는 에스페란토가 경제적으로도 매력적인 언어('에스페란토'로 먹고 살 수 있다)가 되어 생활에 여유가 없는 개발도상국에서 확대되는 것이 포인트이다.

1980년 제36회 에스페란토 국제청년대회에서는 이른바 '라우마 선언'이 채택되었다. 이는 에스페란토의 현재의 보급 상황을 긍정적으로 보고 각자의 관심이나 흥미에 따라 에스페란토에 접목시켜 나가면 된다는 접근이다. 에스페란티스트들 중에는 '운동'이라는 표현으로 에스페란토어 보급에 열심인 사람도 많다. 그렇지만, 라우마 선언에 동참하는 선택지가 허용되어도 괜찮지 않을까 싶다.

제 5 장

나치 독일의 침공과
대전 발발
—망명정부와 지하 국가의 성립

제2차 세계대전 발발

1939년 9월 1일 미명, 그단스크(단치히)를 친선 방문 중인 독일 순양함 슐레스비히 홀슈타인 호가 그곳의 폴란드 수비대에게 갑자기 발포하였다. 제2차 대전의 시작이었다.

독일군의 우위는 역력했다. 병력 수는 독일군 185만 명 대 폴란드군 95만 명, 화포는 독일군 11,000문 대 폴란드군 4,300문, 전차는 독일군 2,800량 대 폴란드군 700량, 항공기는 독일군 2,000기 대 폴란드군 400기였다. 군사력은 폴란드군의 주력이 기마대였다는 설이 퍼져 있었다. 9월 전투를 그린 안제이 바이다 감독의 영화 〈로트나〉(1995) 등에서는 확실히 그렇게 묘사하고 있어 이런 이미지를 만드는 데 한몫한 것도 틀림없다. 그러나 당시 폴란드군에서 기병은 전체의 1할에도 미치지 않았고 말을 타고 독일군 전차에 뛰어드는 모습은, 용감무쌍하게 풍차에 달려들던 돈키호테의 모습을 연상시키지만, 폴란드군의 실정을 바르게 전하고 있다고는 할 수 없다.

9월 3일 영·불 양국은 독일에 선전포고하였다. 그러나 실제로 양국은 군사작전에 돌입하지 않고 바라보기만 했다. 9월 6일 폴란드 정부는 바르샤바를 떠났는데 나라의

통치 기능을 온존하기
위해서는 불가피한 결
단이었다고 할 수 있
다. 바르샤바에는 시
장인 스테판 스타진스
키가 남아 집무를 계
속했다. 같은 달 28일,
바르샤바가 항복했
다. 도시 일부에서 여
전히 전투가 계속되고

스타진스키

있었으나 10월 5일 코츠크(루블린 근교의 작은 마을)의 항복으
로 9월 전투는 끝이 났다. 그날 히틀러는 바르샤바에서
퍼레이드를 벌였다.

바르샤바 시장 스타진스키

스타진스키는 연일 라디오로 세계를 향해 바르샤바를
지원해달라고 호소하였다. 1939년 9월 23일에 행해진
그의 마지막 라디오 연설은 다음과 같다.

바르샤바가 위대해지길 저는 바랐습니다. 위대해질 것을 저는 믿고 있었습니다. 저와 저의 협력자들은 계획을 세워 장래의 바르샤바의 위대한 청사진을 그렸습니다. 그리고 바르샤바는 정말 위대합니다. 우리가 생각한 것보다도 빨리 그것이 실현되었습니다. 50년 후 100년 후가 아닌 지금, 저는 위대한 바르샤바를 눈앞에 두고 있습니다. 여러분께 말씀드리고 있는 지금, 우리는 창 너머로 그 영광스런 모습을 보고 있습니다. 연기와 붉은 화염에 휩싸인 채 훌륭하고 위대하게 싸우는 불멸의 바르샤바를. 훌륭한 고아원이 들어설 예정이었던 곳에는 잿더미만 쌓이고 공원이 만들어질 터에는 수많은 사체의 바리케이드가 되어 있습니다. 우리의 도서관이, 병원이 불타고 있습니다. 50년 후 100년 후가 아닌 지금, 바르샤바는 폴란드의 긍지를 지키면서 그 클라이맥스를 맞이하고 있습니다.

9월 3일 항복 후 처음으로 바르샤바에 독일군이 등장하였다. 10월 3일까지 바르샤바 전역이 독일 국방군의 지배하에 들어갔다. 바로 10월 초순에는 인텔리층을 중심으로 수백 명이 체포되어 수용소나 감옥으로 보내졌다.

스타진스키는 항복 후에도 시민들의 생활이 이전과 같이 영위되도록 최대한의 노력을 기울였다. 그 결과 10월 초순에는 시 중앙에서 일부의 노선버스가, 또 10월 18일에는 북쪽의 조리보슈 지구에서 노면전차의 일부가 운행을 재개하였다. 그리고 식료품이나 그 밖의 생활필수품의 안정적 공급, 공중위생, 교육의 재개에 대해서도 스타진스키는 심혈을 기울였다.

스타진스키 체포

독일군은 당초 스타진스키가 정전 문서에서의 결정을 충실히 이행할 것이라는 판단하에 그의 일련의 행동을 관대하게 봐주고 있었다. 그러나 이 또한 길게 가지 못했다. 스타진스키 자신도 10월 중순에는 머지않아 체포될 것을 예상했고 10월 27일 시 청사의 집무실에서 게슈타포에게 체포되었다.

체포 당시의 모습에 대해 당시 집무실에 동석했던 바르샤바미술관 관장 스타니스와프 로렌츠는 다음과 같이 회상하고 있다.

스타진스키는 바르샤바의 감옥을 두 번 이감되었다. 파뱌크 감옥에 투옥되어 있을 때 지하조직이 구출 작전을 준비하였다. 당시 감옥의 직원으로 탈옥 안내를 하기로 되어 있던 이레나 빌시보에 의하면 스타진스키는 "나는 남겠다. 나를 구출하려고 많은 사람들이 죽을지도 모른다. 마지막까지 버텨보겠다"고 대답했다 한다.

스타진스키는 1939년 크리스마스 직전에 파뱌크 감옥에서 다른 감옥으로 보내졌고 그 이후의 행적은 확실치 않다. 1939년 12월 하순에 독일군에 의해 처형당했다는 설이 유력하다.

스타진스키는 오늘날 여전히 폴란드인이 경애하는 인물 중 하나이다. 그의 사명감과 책임감에 대해서는 배울 점이 많다. 1981년 1월 16일 바르샤바의 사스키 공원에 스타진스키의 동상(르드비카 니초바 작)이 세워졌고, 1993년 11월 10일 그의 탄생 100주년을 기념하여 '은행' 광장에 바르샤바 지도 위를 굽어보는 스타진스키 새 동상(안제이 레네스 작)의 제막식이 거행되었다.

소련군의 침공과 제4차 폴란드분할

시간을 되돌려보자. 1939년 9월 17일 소련군(적군)이 벨라루스인과 우크라이나인의 보호를 이유로 동쪽에서부터 폴란드 국경을 넘어왔다. 독일군의 공격을 앞두고 동쪽으로 철수하는 폴란드군은 반대쪽에서 또 다른 외국군의 공격을 받았던 것이다.

소련군의 폴란드 침공은 사전에 독일의 양해를 얻은 사항이었다. 대전 발발 일주일 전인 8월 23일, 모스크바에서 독일 외상 리벤트로프와 소련 외상 바체슬라프 몰로토프는 독·소불가침조약을 맺고 비밀 의정서로 폴란드분할(18세기 세 번의 분할에 이은 것으로서 '제4차 폴란드분할'이라 부르기도 한다)을 결정하였다.

1. 발트 제국(…)의 영토적 정치적 재편에 대해서는 리투아니아의 북부 국경을 기준으로 독일과 소련의 세력을 경계로 한다. 이때 빌뉴스에 대해서는 조인국 쌍방이 이해를 공유한다.

2. 폴란드의 영토적·정치적 재편에 대해서는 나레프-비스와강을 독일과 소련의 세력권 경계로 한다. 폴란드를 독립국으로 둘지 그 국경선을 어떻게 정할지는 앞

으로의 정치적 진전에 따라 결정한다. 어떤 결정을 하든 양 정부는 본 문제를 우호조약으로 해결한다.

소련은 폴란드 침공 후 독일에게 리투아니아를 요구하는 한편, 자국의 세력하에 있는 바르샤바주의 동부와 루블린주를 양도할 생각을 보였고, 이리하여 9월 28일 새로운 세력권이 확정되었다. 베르사유조약에서 재건된 폴란드는 불과 20년 만에 다시 유럽의 지도에서 모습을 감췄다. 10월 31일 소련최고회의에서 몰로토프는 독일과의 동맹을 자화자찬하며 폴란드에 관해 "베르사유조약의 사생아는 이제 없다"고 발언하였다.

폴란드 망명정부와 국내 지하조직의 성립

소련군이 폴란드로 침공한 9월 17일 폴란드 정부와 군간부들은 루마니아로 도망갔으나 다음 날 독일 영향하에 있는 루마니아 정부에 의해 구류당하는 사태가 발생하였다. 9월 30일 폴란드 대통령 이그나치 모시치츠키는 사임하고 후임으로 브와디스와프 라치키에비치가 임명되었다. 같은 날 페리치안 스바보이 스쿠바토코프스키도 수상을 상임하고 브와디스와프 시코르스키가 후임으로 임명되었다. 시코르스키는 프랑스에서 조각에 착수하였고 망명정부는 근로당, 국민당, 농민당, 폴란드사회당 우파로 구성된 거국일치정부의 형태로 폴란드 국내의 광범한 지지를 얻게 되었다. 시코르스키는 11월 7일에 군 최고사령관에도 임명되어 폴란드 망명군에 해당하는 '폴란드 무장 세력'의 창설을 서둘렀다.

1940년 6월 22일 의지했던 프랑스가 일치감치 독일에 항복하는 예상외의 사태가 발생하였다. 전날인 21일 폴란드 망명정부는 런던으로 거처를 옮겼고 폴란드 무장 세력은 스코틀랜드에 거점을 마련하여 그 수는 2만5천 명에 달하였다.

한편 바르샤바에서는 벌써 1939년 9월 27일에 지하 저항 조직인 '폴란드승리봉사단'이 발족해 있었다. 동 조직은 '무장투쟁동맹'을 거쳐 1942년 2월 14일부터는 '국내군'을 자칭하였다. 국내군은 런던 망명정부에 충실한 군사 조직으로, 초대 사령관에 스테판 로베츠키가 취임하였고, 1944년 전반의 절정기에는 30만이 넘는 병력을 보유했다.

나치 독일의 점령 정책

나치 독일의 점령에는 두 가지 종류가 있었다. 1940년 10월 8일의 히틀러의 지령으로 포모제·포즈난·실롱스크의 각 주, 우치주의 대부분, 크라쿠프주의 서부, 바르샤바 키엘체주의 일부는 제3제국에 직속 병합되었다(병합 지구). 남은 지역은 총독에 종속되는 '종속 지구'로 점령되었다. 총독이 된 한스 프랑크는 크라쿠프에 본거지를 두었다. 병합 지구는 면적 9만 4천㎢, 인구 950만 명, 총독 관구는 면적 9만 4100㎢, 인구 1,200만 명이었다.

나치 독일의 정책은 폴란드인을 단순한 노예노동 담당자로 만드는 것이 목적이었기 때문에 지식계급이 박해의 대상이 되었다. 총독관구에서는 중등교육 이상의 교육기관은 폐쇄되었다(병합 지구는 모든 학교가 폐쇄). 대량 체포와 처형이 일상적인 풍경이 되었고 점령자들은 피점령자를 독일로 강제 노동을 보냈다.

특히 유대인이 수난을 겪었다. 대전 초기 폴란드의 유대인 인구는 9.7%, 350만 명이었다. 유대인을 격리시키기 위해 사방을 콘크리트로 된 높은 담장으로 에워싼 게토가 폴란드에만 약 4백 개가 만들어졌다(1941년에는 약 45만 명을 수용). 유대인에 대한 독일군의 배급은 불과

아우슈비츠 절멸수용소
오른쪽이 수인(囚人) 수용 건물, 왼쪽이 조리장(調理場)

184kcal(현재의 표준 섭취 칼로리의 10분의 1 이하)로 영양실조로 자연사하도록 계산되어 있어 게토에서는 굶주림이 일상이었다. 50만 명이 게토에서 사망했다고 추정된다.

운 좋게 게토로 끌려가지 않은 유대인 중에는 리투아니아로 도망친 사람도 있었다. 1940년 7~8월에 카우나스(리투아니아 제2의 도시) 주재 일본영사관 영사대리 스기하라 치우네杉原千畝가 출국비자를 발행하여 수많은 유대인을 구출하였다. 그 경위는 스기하라의 부인 유키코 씨가 쓴 『6천 명의 생명 비자』라는 책에 잘 나와 있다.

1942년 1월 독일 제3제국 치안본부는 반제(베를린 고급 주택가) 회의에서 유대인의 근절을 목표로 한 '최종 해결'

안을 확정하였다. 이리하여 헤움노, 베우제츠, 소비부르, 트레블린카, 마이다네이크, 오시비엥침(모두 폴란드 국내의 지명)에 절멸수용소가 세워졌다. 1942년 9월부터 9월에 걸쳐 바르샤바 게토로부터 약 30만 명에 달하는 유대인이 트레블린카 수용소로 이송되었다.

폴란드 망명정부의 밀사 얀 카르스키[1]는 폴란드와 망명정부 사이를 두 차례 왕복하며 홀로코스트 외에 중요 정보를 서방측에 전하였다(5장 끝 부분 칼럼에 상술). 카르스키는 실제로 절멸수용소에 잠입하지는 않았다. 오시비엥침(독일식 발음은 아우슈비츠) 수용소에 자원하여 들어가 나

---

1) 얀 카르스키(Jan Romuald Kozielewski; 1914~2000). 러시아 지배 시기 폴란드 출생의 레지스탕스 활동가이자 외교관이다. 제2차 세계대전 중 폴란드의 망명정부 및 지하조직의 밀사로 활약하며 바르샤바 게토에서의 나치 독일의 잔학 행위와 유대인의 수용소 이송에 대한 증언이나 증거를 일찍이 서방측 연합국에 제보하였다.
1914년 러시아 점령하의 우치에서 태어나 얀 카지미에시대학에서 법학과 외교를 수학한 뒤 포병 예비역의 사관후보생 학교도 수료하였다. 1938년 폴란드 외무성의 영사부에 들어갔으나 제2차 대전이 발발하면서 외교관 경력은 끝이 났고 개전과 동시에 폴란드군에 입대했다가 소련군의 포로가 되었다. 그 후 포로 교환으로 독일로 이송된 포로수용소에서 탈주에 성공한 뒤 바르샤바로 들어가 시코르스키가 지원하는 정치조직에서 밀사로 활동하며 망명정부와 서방측에 독일 점령 지역의 유대인에 대한 탄압, 사회 정세 등 다양한 정보를 보냈다. 1940년 망명정부의 신뢰를 얻기 위해 프랑스 앙주로 가던 중 게슈타포에 체포되어 고문을 당하다 탈출에 성공했고, 국내 정치조직 사이의 연락책을 맡기도 했다. 1942년부터는 런던에 거점을 둔 망명정부의 지시로 바르샤바 게토나 베우제츠 수용소로 보내지는 유대인의 통과 게토인 이즈비차 통과수용소에 잠입하여 수만 명의 유대인이 아사, 병사하는 상황을 목격하고 런던으로 보고서를 보냈다. 1943년에는 미국 워싱턴으로 가 루스벨트 대통령에게 나치 독일의 유대인 학살 문제를 보고하고 유대인 구출을 탄원하였고, 강연이나 미디어를 통해 다방면의 선전 활동에 종사하였다. 1944년에 출판한 『Story of a Secret State』(英語版)가 베스트셀러가 되었으며, 전후에 미국의 조지타운대학 등에서 교편을 잡으며 전시 중의 체험과 홀로코스트의 기억을 전하는 활동을 계속하였다.

중에 탈옥에 성공하여 수용소의 상황을 서방에 알린 폴란드인이 있었다. 비톨트 필레츠키이다. 여담이지만 필필레츠키는 전후 인민 폴란드에서 반체제 인물로 찍혀 최종적으로 국가 반역죄 혐의로 체포된 후 처형되었다.

움슐라그플라츠

바르샤바의 스타프키 대로와 지카 대로가 교차하는 곳에 '적재장'(독일어 '움슐라그플라츠 UMSCHLAGPLATZ'라는 간판이 있다. 폴란드어로 번역되지 않고 지금도 그 이름대로 불린다)라는 비석이 있다. 이 장소는 어떤 목적으로 사용되었던 것일까?

1942년 7월 22일 독일군은 바르샤바 게토의 폐지에 착수하였다. 이 계획에 따르면 매일 6천 명이 점령 당국과 협력 관계에 있었던 '유덴라트'(유대위원회)로부터 명령을 받아 화물열차의 적재장이 있는 움슐라그플라츠로 보내도록 되어 있었다. 목적지는 트레블린카로, 그곳의 가스실에서 전원이 살해되었다.

공식적으로는 게토의 사람들은 노역을 위해 동방으로 보내게 되어 있었다. 그러나 한참 지나자 트레블린카로부터의 탈주자를 통해 독일군에 의한 학살의 사실이 전해졌고 이에 대해 유덴라트는 이를 부정하는 내용의 성명을 내었다.

이와 동시에 '유대생활위원회'는 노동 캠프로 가서 독일을 위해 봉사한다면 빵 3kg과 잼 1kg을 주겠다고 발표하였다. 수천 명이나 되는 사람들이 자신들의 의사로 움슐라그플라츠로 향했고 그곳에서 트레블린카로 보내졌다. 눈앞에 닥친 죽음을 예감하면서도 이 같은 선택을 한 사람들이 있었다는 것은 굶주림에 지친 사람들이 그만큼 많았음을 여실히 보여주고 있다.

트레블린카로의 이송은 1942년 7월 22일부터 같은 해 9월 21일까지 행해져(일시적 중단을 포함) 30만 명 이상이 살해되었다. 또 이 시기에 게토 안이나 움슐라그플라츠에서 살해당한 사람도 약 6천 명에 달했다. 바르샤바 게토에는 5만 수천 명의 유대인이 남겨졌을 뿐이었다.

한편 폴란드 사회는 유대인의 게토로부터의 구제를 서둘렀다. 여기에는 사실상 전 지하 저항 조직이 참가하고 있었고 조직에 속하지 않은 개인들도 다수 협력하고 있었다. 1942년 가을에는 '유대구제위원회'(같은 해 12월에 '유대구제평의회; 제고다'로 개편)가 발족되어 재정적으로 크게 협력하였다. 폴란드 망명정부는 세계를 향해 이 문제에 대해 나치를 압박하도록 호소하였으나 성과를 내지 못하였다. 결국 게토의 유대인에 대한 직접적인 협력은 폴란드인에 의한 것밖에 없었고, 유대인을 숨겨주거나 하면 처형되었기 때문에 폴란드인으로서는 목숨을 건 협력이었다고 할 수 있다.

코르차크 선생

안제이 바이다 감독이 1990년 제작한 〈코르차크 선생〉이 다음 해 일본에서도 공개되어 그때까지 잘 알려져 있지 않았던 의사이지 작가, 교육자였던 야누시 코르차크(본명 헨리크 골드슈미트)[2]의 이름이 매스컴에 오르내리게 되

2) Janusz Korczak; 1878~1942. 폴란드의 소아과 의사, 아동문학가이자 교육자로 홀로코스트 희생자 중 1명이다. 유대계 폴란드인으로 1911년부터 유대인 고아들을 위한 고아원을 운영하며 아동의 인권 개념을 골자로 한 아동교육에 전념하였다. 대표작으로 『마치우시 왕 1세』가 있다. 러시아령 바르샤바의 유복한 유대계 가정에서 태어나 바르샤바대학 의학부에 진학하여 소아과 의사가 되었고 러일전쟁 시에는 야전병원 의사로 종군한 바 있다. 의학부 시절부터 작품 활동과 어린이, 농민, 노동자 들을 위한 자선 활동에 적극적이었다. 1910년에 유대인 고아를 위한 고아원을 열어 어린이 집회, 친구 재판, 벽 신문 등 새로운 교육 실천을 시도하였다. 1차 대전 후에는 신생국가 폴란드의 수도 바르샤바에서 교육학적 저작인 『사람을 얼마나 아이를 사랑하는가』(1919)를 간행하며 교육자로서의 활동에 힘을 기울였다. 코르차크가 어린이의 권리로 든 것은 '죽음에 대한 어린이의 권리''오늘이라는 날에 대한 어린이의 권리''있는 그대로의 권리'이다. 1939년 독일의 폴란드 침공으로 유대인에 대한 박해가 심해지면서 1940년 10월

었다. 그 또한 움슐라그플라츠에서 게토를 떠났던 사람이다.

코르차크가 운영하는 고아원은 시리스카 도로 9번지에 있었는데 현재 이 거리는 바르샤바에는 존재하지 않는다. 시 중앙에 있는 문화과학궁정 내부에 있는 '인형' 극장이 고아원이 있던 자리이다. 1942년 8월 5일 코르차크는 2백 명의 고아들과 함께 움슐라그플라츠로 향했다. 코르차크에게는 게토 탈출의 편의를 봐줄 사람도 있었으나 그는 그것을 사양하고 고아들과 운명을 같이했던 것이다.

그들의 마지막에 대해서는 잘 알지 못하나 코르차크가 이동하는 것을 보았다는 마레크 루드니키에 의하면, 화차에는 소독제와 염소 냄새로 가득 차 있었고 석회수도 흐르고 있었다고 한다. 코르차크도 대다수의 아이들도 트레블린카 도착 전에 질식하여 절명하였을 것이라고 그는 말한다. 아마 살균제를 뿌린 것은 사실이겠으나 사체 소각까지의 운반을 생각하면 독일군은 화차 내에서 질식시키는 하지 않았을 것으로 생각된다.

___

고아원의 교사와 학생들은 게토로의 이주를 명령받았고 열악한 게토 안에서도 집필을 계속하여 이 시기에 쓴 『1942년 바르샤바 게토 일기』가 남아 있다. 1943년 7월부터 바르샤바 게토 일소 작전에 의해 고아원의 아동들과 함께 살해되었다.

바르샤바 게토 봉기 45주년을 맞아 1988년 4월 18일 움슐라그플라츠 유적지에 한나 슈마렌베르크와 브와디스와프 크라멜스의 공동 설계에 의한 모뉴먼트가 세워졌다. 벽에는 전쟁 전의 유대인 사회에서 가장 일반적이었던 이름(성)이 새겨져 있다.

시코르스키 - 마이스키 협정

1941년 6월 22일 독일군은 불가침협정을 깨고 소련 공격(바르바로사 계획[3])을 개시하였다. 독·소 양국이 싸우는 가운데 폴란드의 독립 회복의 가능성도 제기되었다.

처칠의 시사로 그해 7월 5일자로 런던에서 폴란드 망명정부와 소련 정부 사이에 양국의 동맹 협정 체결을 위한 교섭이 시작되었다. 6월 30일에 이미 조인된 협정(이른바 시코르스키-마이스키 협정)으로 이반 마이스키는 1. 영토

---

3) 제2차 대전 중 1941년 6월 22일에 개시된 나치 독일과 그 동맹국의 일부에 의한 소비에트연방에 대한 침공 작전의 작전명이다. 12세기 신성로마제국 황제이자 독일 국왕이었던 프리드리히 바르바로사의 이름을 붙인 작전으로, 소련의 서부를 정복하여 독일인을 늘리겠다는 나치 독일의 사상적 목표를 실행에 옮긴 것이었다. 독일군의 동부 종합 계획은 정복지 사람들의 일부를 추축국의 전력으로 강제 노동시켜 코카서스의 석유 자원과 소련령의 풍부한 농업 자원의 획득과 더불어 최종적으로는 슬라브 민족의 절멸, 게르만화를 통한 독일을 위한 생존권의 획득에 목적이 있었다.

문제는 내려놓고 소련은 1939년의 독·소 협정을 파기, 2 독·소전에서의 상호 협력, 3 소련 영내에서 폴란드군을 창설할 것이 결정되었다. 폴란드 망명정부 수상인 시코르스키는 대독일전에서의 승리가 우선이라고 생각하여 소련과의 우호적인 관계 구축을 중시했던 것이다.

시코르스키-마이스키 협정은 폴란드 망명정부 내에 균열을 발생시켜 소련과의 협조에 반대하는 외상 아우구수트 잘렌스키, 법무상 마리안 세이다와 무임소장관 카지미에시 소슨코프스키가 사임하였다. 그를 대신하여 스타니스와프 미코와이치크(부수상 겸 내무상), 헤르만 리베르만(법무상), 카를 포펠(무임소대신) 에드왈 라친스키(외상)이 입각하였다.

안데르스군의 창설

소련군은 폴란드 침공한 뒤 1백만여 명의 폴란드인들을 시베리아 등지로 강제 이송시키고 있었다. 시코르스키-마이스키 협정 체결 후 폴란드인에게 사면이 내려졌다. 폴란드 시민의 해방과 함께 중요 안건이었던 것이 재소련 폴란드군의 창설이었다. 1941년 8월 6일 시코르스키는 지휘관에 브와디스와프 안데르스를 임명하였고 안데르스 휘하에 다수의 폴란드인이 집결하였다.

1941년 12월 시코르스키는 모스크바로 날아가 스탈린과 회담하였다. 시코르스키 측에는 안데르스와 주소련 폴란드대사인 스타니스와프 코트가, 스탈린 측에는 외상 몰로토프가 동석하여 주로 소련 영내의 폴란드군의 창설에 대해 논의하였다. 시코르스키와 안데르스는 그 자리에서 모여 있는 폴란드 병사들이 비참한 상황이므로 이란으로 일시 철수시켜 그곳에서 요양하여 태세를 정비한 뒤 연합군의 병력으로 공헌시키고 싶다는 뜻을 밝혔다. 스탈린은 좋을 대로 하라고 답변하였다(실제로 1942년 3월부터 이란으로 철수하여 나중에 서부전선에서 싸우고 있는 망명군과 합류하였다. 1944년의 이탈리아의 몬테카지노 전투에서의 무훈은 유명하다). 스탈린은 안데르스군의 반소련 성향을 알고 있었기 때문에 폴란드 망명정부 측으로부터의 제안은 스탈린 입장에서는 바라던 바였다. 시코르스키가 또 4천여 명의 폴란드인 장교의 행방불명 문제를 거론하자 스탈린은 "아마 만주에서 도망하였을 것"이라고 대답하였다. 스탈린이 카틴에서의 학살을 알고 있었음은 말할 것도 없다.

폴란드인 공산주의자들의 활동

1942년 1월 폴란드 공산주의자들은 코민테른으로부터 활동 재개의 허락을 얻었다(양 대전 사이에 폴란드공산당이라는 정당이 존재하였으나 1938년에 트로츠키주의라는 오명을 쓰고 당이 해체된 상태였다). 소련에서 폴란드로 귀국한 마르체리 노보트코 바베와 핀델, 마우고자트 폴날스카 등이 국내의 공산주의자들을 모아 폴란드노동자당을 조직하였다. 1942년 여름의 공식통계에 의하면 당원은 약 4천 명, 당의 군사력인 '인민방위군'(3월 28일 발족)은 약 3천 명(인원수는 과장이 있음은 부정할 수 없다)이었다.

노동자당 성립에 관한 큰 특징은 당면 과제를 민족의 독립에 두고 폴란드의 사회적·민족적 해방을 결합시킨 부분이었다. 이 당은 성립 당초부터 망명정부를 포함한 반파시즘 전선의 결성을 촉구하고 있다.

1943년 3월 1일 노동자당은 "우리는 왜 싸우는가"(소선언)라는 강령적 선언을 발표하였다. 그 가운데 당은 대독일 투쟁과 사회 개혁을 주장하여 사회주의에 대해서는 직접 언급하지 않고 또 런던 망명정부를 부정하지도 않았다.

한편 재소련 폴란드인 공산주의자들도 움직이기 시작

하여 1943년 3월 1일 모스크바에서 반다 바실레프스카를 지도자로 하는 폴란드애국자동맹을 발족시켰다. 그해 7월 15일 애국자동맹 아래 재영국 폴란드군이나 안데르스군과는 다른 군사력이 조직되었다. 코시치우슈코의 이름이 붙여진 그 사단에는 지그문트 베를링이 사단장으로 취임하였다.

1943년 6월 9일~10일 모스크바에서 폴란드애국자동맹 제1회 대회가 열려 시코르스키 망명정권을 맹렬히 비난하며, 소련과의 동맹이 분별 있는 유일한 정치임을 확인하였다. 스탈린은 이렇게 장래의 폴란드의 괴뢰정권을 미리 준비하고 있었다.

'바퀴' 작전과 인민방위군에 의한 폭탄 테러

1942년 10월 16일 새벽 게슈타포는 바르샤바의 파뱌크 감옥에서 10명의 죄수를 호송하여 토른스카 거리의 길가에 가설된 교수대에 매달았다. 같은 날 렌베르투프 역 말키의 선로 옆, 무슈초노프스카 거리의 철도건널목, 슈첸시리비체의 선로 옆에서도 파뱌크 감옥에서 끌려나온 50명의 죄수들이 처형되었다. 위 다섯 곳의 공통점은 철도인데, 이것이 의미하는 바는 무엇일까?

이보다 앞서 바르샤바의 넓은 범위에서 독일군 측에 꽤 큰 타격을 입힌 사건이 발발하였다. 1942년 10월 8일 새벽, 즈비그니에프 레반도프스키 지휘하에 국내군의 7개 그룹이 바르샤바의 철도망을 마비시키기 위해 8곳에서 노선을 폭파했다. '바퀴' 작전이라고 명명된 이 거사로 인해 독일 측은 복구 작업에 수일이나 걸렸다. 게다가 스탈린그라드 공방전이 이어지고 있어 이들 노선, 특히 동서를 잇는 노선은 독일군 물자 수송의 생명선이라고 할 수 있었다. 앞서 말한 대로 폴란드 망명정부는 1941년 7월 30일 소련과 시코르스키-마이스키 협정을 맺고, 독일을 공통의 적으로 삼는 외교 관계를 부활시키고 있었지만, 양국 관계는 그 후에도 안정을 찾지 못했다. 시코르스키는 이런 상황하에 소련에 대해 폴란드 측의 호의적 자세를 강조하기 위해 국내 병력에 '바퀴' 작전의 실시를 명했던 것이다.

독일 측은 결국 범인을 찾지 못했고 앞의 처형 상황은 '바퀴' 작전에 대한 독일 측의 보복 행위였던 것이다. 희생자의 다수가 폴란드노동자당의 활동가 내지 인민방위군의 멤버였던 걸 보면 독일 측이 이들 친소련 성향 조직의 범행으로 판단했을 것으로 보인다.

폴란드노동자당 중앙위원회는 보복을 결심하고 10월 24일 '독일인 전용'으로 되어 있던 3곳의 시설에 동시 다발 폭탄 테러 작전을 거행하였다. 하나는 엘로조리무스케 거리와 신세계 거리가 교차하는 모퉁이의 '카페 클럽'에서 수류탄 공격으로 독일인 여러 명을 살상한 사건이다. 작전을 실행한 인민방위군 로만 보그츠키, 타데우시 핀진스키, 예지 들라치는 생환하였다. 두 번째는 바르샤바 중앙역 구내에 있는 레스토랑 '미트로파'에서 수류탄 공격으로 독일인 20명이 살상된 것이다. 세 번째는 마르샤우코프스카 대로의 '신新바르샤바일보사'(독일 점령 당국이 폴란드어로 간행한 선전 신문)에서 일어났다. 점령 당국은 피비린내 나는 보복 행동은 자제하며 바르샤바 시민들에게 10만 즈워티의 징수세를 부과하는 온건한 조치로 끝냈다. 그러나 이를 탐탁지 않게 여겼던 폴란드노동자당 중앙위원회는 지하활동에 필요한 자금 획득을 목적으로 얀 스트셰셰프스키를 지도자로 하는 '특수반'에 징수세 탈환을 명하였다. 11월 30일 실행부대는 '시영 저축은행'을 습격하여 백만 즈워티 이상의 현금을 빼앗았다. 현장

에는 이 돈을 지하활동에 쓰겠다는 취지를 쓴 '영수증'이
놓여 있었다.

스트셰셰프스키의 죽음은 생각지도 못한 모습으로 찾
아왔다. 그는 1943년 3월 18일 모스트바 로를 걷고 있다
게슈타포를 만나 총격을 받았던 것이다. 빈사의 중상을
입은 채 파뱌크로 호송되던 중 숨을 거두었다. 이 총격전
에서는 만나기로 약속했던 노동자당 계열의 '청년투쟁동
맹' 의장 한나 샤피로와 바르샤바 블루든 지구의 인민방
위사령관 타데우시 올세브스키도 휘말렸는데, 올세브스
키는 즉사하고 샤피로는 중상을 입은 채 파뱌크로 옮겨
져 다음 날 19일에 사망하였다.

'멕시코 2' 작전

바르샤바의 두우가로 52번지에는 1959년 이후 '국립고
고학박물관'으로 이용되고 있는데 별칭이 '무기고'이다.
건물이 실제로 파베크 그로지키의 설계로 1638~43년에
만들어진 포격대의 무기고였던 데서 유래한다. 보관되
어 있던 무기는 코시치우슈코 봉기나 11월 봉기 때 적잖

이 이용되었고 1832~35년에는 감옥 용도로 개축되었다. 1943년 3월 26일 이 '무기고' 근처에서 한 사건이 발발하였다.

같은 해 3월 22일 심야에 저항운동에 참가하고 있던 젊은 활동가인 얀 비트날(암호명 '붉은 털')이 자택이 있는 독립로 159번지에서 게슈타포에게 체포되었다. 이에 대해 그의 친구이자 상사이기도 한 타데우시 자바츠키(암호명 '조시카')는 비트날 구출 작전(코드네임 '멕시코 2'작전). 당초 작전은 3월 3일 오후 5시에 결행하기로 되어 있었으나 연락 실패로 중단되어 이쪽이 코드네임 '멕시코 1'작전의 실행을 결정하였다.

게슈타포에게 체포된 비트날은 파뱌크 감옥에 수감되었다. 그곳에서 죄수의 간호를 맡고 있던 헬레나 다니엘레비치로부터 비트날이 조사를 받기 위해 3월 26일 오후 게슈타포의 바르샤바지구 본부가 있는 슈프 거리로 이송될 거라는 연락이 있었다. 오후 5시 반 넘어 파뱌크로 향하던 호송차가 자바츠키 일행에게 습격당했다. 이 사건으로 폴란드 측은 비트날을 포함하여 25명을 구출하였으나 3명의 사상자를 내었다. 그 가운데에는 전년 2월 11일에 코페르니크스의 동상에서 이 천문학자가 독

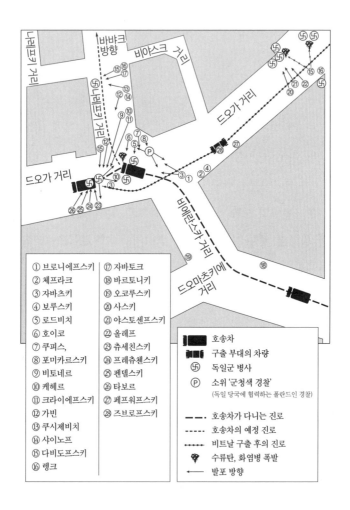

① 브로니에프스키	⑰ 자바토크
② 체프라크	⑱ 바르토니키
③ 자바츠키	⑲ 오코루스키
④ 보루스키	⑳ 사스키
⑤ 로드비치	㉑ 야스토센프스키
⑥ 호이코	㉒ 올레프
⑦ 쿠피스,	㉓ 츄세친스키
⑧ 포미카르스키	㉔ 프레츄첸스키
⑨ 비토네르	㉕ 펜델스키
⑩ 케헤르	㉖ 타보르
⑪ 크라이에프스키	㉗ 페프워프스키
⑫ 가빈	㉘ 즈브로프스키
⑬ 쿠시제비치	
⑭ 샤이노프	
⑮ 다비도프스키	
⑯ 렝크	

🚛	호송차
🚛🚛	구출 부대의 차량
Ⓢ	독일군 병사
Ⓟ	소위 '군청색 경찰' (독일 당국에 협력하는 폴란드인 경찰)
– – –	호송차가 다니는 진로
- - -	호송차의 예정 진로
•••••	비트날 구출 후의 진로
🍇	수류탄, 화염병 폭발
←	발포 방향

142

일인이라고 기록한 안내판을 용감하게도 떼어내 '코페르
닛키'라는 별명을 얻은 마체이 다비드프스키도 포함되
어 있다. 비트날은 1943년 3월 30일에 조사 때 폭행을 당
해 사망하였다. '멕시코 2' 작전으로 독일 측은 사망자 3
명, 부상자 9명이 나왔다. 독일 측은 보복으로 3월 27일
파뱌크에 수감되어 있던 140명을 사살하였다. 이 작전은
점령 하의 바르샤바에서 폴란드 지하조직이 처음으로 공
공연하게 독일인에게 총구를 겨눈 사건으로 주목된다.

사건 후 조사 과정에서 비트날에게 폭행을 가한 게슈타
포 2명(헬베르트 슐츠 상급 소대 지휘관, 에발트 랑게 병장)이 밝혀져
전자는 자바츠키에 의해 1943년 5월 6일에, 후자는 안제
이 구랄(암호명 '토마슈')에 의해 5월 22일에 사살되었다.

카틴 숲 사건

1943년 4월 13일 베를린 방송은 스몰렌스크 근교의 카
틴에서 약 3천 명의 폴란드인 장교의 사체가 매장된 것
을 발견했다고 보도하였다. 이른바 '카틴 숲 사건'의 제1
보였다. 독일 선전상인 요제프 괴벨스는 폴란드와 소련

을 반목시켜 연합국의 보조를 혼란시키려 대대적으로 이 사건을 선전하였다. 4월 16일 시코르스키는 문제의 중립적인 해결을 기대하여 제네바의 국제적십자에 해결을 위임하였다. 독일 정부도 같은 해결책을 도모하였다. 이에 대해 〈프라우다〉(소련공산당 기관지)는 4월 19일 지면에서 폴란드 망명정부의 행동은 "상식 있는 사람들을 불쾌하게 하는 망령된 거짓말을 하는 것이고 독일에 직접 가담하는 것이다"라고 혹평하였다.

사건은 폴란드 망명정부 입장에서 보면 최악의 결과로 이어져 소련 외상 몰로토프는 콧트의 후임 주소련 폴란드대사 타데우시 로멜에게 4월 25일 자로 외교단절을 전하는 서간을 전달하였고 로멜은 5월 3일 모스크바를 떠났다.

당시 서방측에서는 카틴 숲 사건은 독일의 범행으로 보고 있었으므로(오늘날은 소련의 범행이었음이 입증되었다), 폴란드 망명정부는 매우 불리한 상황에 처하였다. 스탈린은 자신이 저지른 범죄로 오히려 국제적인 지위를 향상시켰던 것이다.

바르샤바 게토 봉기

1942년 여름 독일군은 게토의 유대인들에 대하여 노동 캠프로 가서 독일을 위해 봉사한다면 식료품과 의복을 주겠다고 전했다. 이는 절멸수용소나 강제노동수용소로 보내기 위한 구실에 지나지 않았다.

같은 해 7월 28일 바르샤바 게토에서 '유대전투조직'이 결성되었다. 몰디하이 아네레비치를 지도자로 하는 이 조직은 독일군에 대한 무력 저항을 지향하고 있었다. 이 듬해 1943년 4월 19일 유대전투조직은 게토에서 봉기를 결행하였다. 독일군은 5월 16일에 봉기의 진압을 선언하였으나 유대인의 저항은 그 후에도 한동안 계속되었다.

분트(유대인노동자동맹)의 활동가인 슈무엘 지기엘보임은 사회주의를 이상으로 내걸고 있었으나 봉기가 종언을 맞이하기 직전인 5월 12일에 자살하였다. 그는 라치키에비치와 시코르스키 앞으로 다음과 같은 서간을 남겼다. "폴란드에 남겨진 마지막 유대인이 사라져가는 것을 나는 지도자의 한 사람으로 좌시할 수 없다. 나는 내 자신의 죽음으로 동포를 죽음으로 내몬 사회에 강하게 항거한다. 나는 살해된 수많은 유대인들과 운명을 함께할 것이다. 동포여, 조금이라도 좋으니 어떻게든 이 참화를 딛고

살아남아 주시오"라고.

게토 봉기 구원 작전

1943년 4월 19일(게토 봉기 개시 당일), 바르샤바의 보니프라테르스카로와 사페지스카로가 교차하는 곳에서 바르샤바 게토 봉기를 지원하는 작전이 실행에 옮겨졌다. 게토 봉기에 대해 국내군이 협력한 사례는 매우 많지만 이는 그 가운데서도 가장 유명한 것이다. 작전은 게토 측벽에 구멍을 내어 안쪽에 있는 많은 유대인들을 구출시키는 것으로, 1943년 4월 19일 오후 5시에 시작될 예정이었으나 실제로는 한 시간 정도 늦게 시작되었다. 그러나 독일 측은 바로 폴란드 측의 움직임을 눈치 채고 기관총으로 반격에 나섰다. 폴란드 측은 불리한 상황에도 불구하고 과감히 싸워 보니프라테르스카로에 설치한 지뢰로 측벽 일부를 부쉈으나 이때 독일군이 장갑차로 돌진해와 폴란드 측은 더 이상 작전을 계속할 수 없었고 게토 봉기 지원의 첫 시도는 실패로 끝나게 되었다.

제2차 대전 중 유대인에 대한 원조인가 방관인가의 문

제에서 생각나는 것이 안제이 바이다 감독의 1995년 작품 〈성 주간〉(원작은 예지 안제예프스키)이다. 감독은 유대인 여성 레이나(베아타 프다레이)에 대해 협력 자세를 보이는 폴란드인과 그 반대의 태도를 취하는 두 부류의 폴란드인을 묘사하였다. 만약 바이다 감독이 유대인에게 협력적인 폴란드인만을 그리고 있다면 사실과 맞지 않고 물의를 빚었을 것이다. 감독의 이전 작품 〈약속의 땅〉(1975)이 유대인에게 부정적이었다는 평가를 받은 적도 있어 세심한 주의를 기울여 제작한 듯하다.

망명정부 진영 간부의 교체

1943년 여름 시코르스키는 안데르스군의 시찰에 나섰다 돌아오는 길인 7월 4일 심야에 그를 태운 비행기가 지브롤터 앞바다에 추락하여 비운의 죽음을 맞이하였다. 암살설도 있으나 확실한 증거는 오늘날까지 나오지 않고 있다.

대통령 라치키에비치는 같은 해 7월 8일 최고사령관에 소슨코프스키를, 이어 7월 13일에는 새 수상에 미코와이치크를 임명하였다. 이리하여 시코르스키가 겸임했던 최고사령관과 수상의 직책을 각각의 인물이 차지하게 되었다.

미코와이치크는 전임자의 대소련 정책, 즉 소련에 대해 유연한 자세를 견지해갈 생각이었으나 소슨코프스키는 소련과의 어떠한 협정에도 반대였다. 수상과 최고사령관은 이처럼 대소련 정책을 둘러싸고 의견이 일치하지 못했고 이러한 견해 차이는 이후의 사태 진전에 중대한 영향을 끼치게 되었다.

시코르스키가 사망한 며칠 전 폴란드 지하 국가에서도 중대한 변화가 보였다. 1943년 6월 30일 바르샤바에서 국내군 총사령관인 스테판 로베츠키가 게슈타포에 체포되었고 후임에는 타데우시 코모로프스키가 취임하였다.

로베츠키가 체포되었을 때 국내군 총사령부는 일제 봉기의 가능성에 대해 검토를 계속하고 있었다. 일제 봉기의 실시 조건으로, 1. 독일군이 소련군의 압력하에 패주하고 있을 것, 2. 서방측 연합국의 지원을 얻을 수 있을 것을 들고 있었다. 이 봉기안의 특징은 폴란드 전역을 그 대상으로 하는 데 있어 지역을 한정하여 행해진 이후의 '폭풍' 작전이나 바르샤바 봉기와는 다르다. 스탈린그라드 공방전(1942년 8월~43년 2월)에서 독일군이 패배하자 봉기 계획은 갑자기 현실성을 띠게 되었다. 국내군 총사령부는 당초 영·미 양국군이 발칸반도에 상륙하면 남쪽의 카르파티아산맥 방면으로부터 폴란드의 해방이 실현될 것으로 생각하고 있었으나 소련군에 의한 해방 가능성이 날로 현실성을 띠게 되었다.

그러나 폴란드로 월경해오는 소련군에 국내군이 어떻게 대처할지가 과제로 부상되었고, 국내군은 망명정부로부터의 지시를 기다리고 있었다.

'산 사나이' 작전

1943년 8월 12일 바르샤바의 세나트르스카로에서 '산 사나이' 작전으로 명명된 사건이 발생하였다. 무력으로 독일군으로부터 금품을 빼앗아 이를 국내군 총사령부의 재정에 편입시키려는 생각은 1942년 봄 국내군 브레인인 에밀 크몰과 군 총사령관인 로베츠키와의 회담 때 제시된 것이다. 당시 국내군은 대독일 지하운동을 계속해가느라 극심한 자금 부족에 시달리고 있던 와중에 크몰이 로베츠키에게 작전을 진언하였던 것이다. 크몰은 회고록에서 로베츠키가 보인 반응을 다음과 같이 회상하고 있다.

 잠시 뒤에 로베츠키는 "구상 자체는 괜찮으나 실행에는 상당한 위험이 따르므로 이 자리에서 그 제안을 받아들일 수는 없소. 작전이 성공할 가능성은 5%이고 95%는 무리일걸세. (…) 일주일 뒤 같은 시간, 같은 장소, 즉 피우스 1세 거리(현 펜크나 거리) 16번지에서 만나세. 그때 자네에게 명확한 답변을 하겠네."라고 말했다.

일주일 뒤의 양자의 회합에서 로베츠키는 이 계획의 성공률이 낮음을 여전히 지적하고 있으나 모든 권한을 크몰에게 양도한 뒤 작전에 동의하였다.

발권은행(점령하의 폴란드에서는 독일인이 모든 발권 업무를 행하고 있었다)은 벨란스카로에 있었는데 여기를 바로 습격할지 혹은 현금수송차를 노상에서 습격할지에 대해 먼저 검토에 들어간 결과, 후자 쪽이 성공률이 높다고 판단되어 채택되었다. 작전을 수행하려면 언제 수송차가 어느 방향으로 지나갈지 정확히 알아야 했는데, 여기에는 당

프레타 거리
보드봐레 거리

① 키쥬니	⑬ 포포프스키
② 크레츄고프스키	⑭ 그라보프스키
③ 크반스키	⑮ 바르슈찬
④ 조보친스키	⑯ 쥬라프스키
⑤ 쥬판스키	⑰ 구룬
⑥ 스크로비크	⑱ 시만스키
⑦ 스하네크	⑲ 가브론스키
⑧ 스크로비크	⑳ 야브온스키
⑨ 레슈친스키	㉑ 스고보르토크
⑩ 스마진스키	㉒ 본명 불명
⑪ 찰츠코프스키	(암호명 '뵈르크')
⑫ 스티스보	㉓ 본명 불명
	(암호명 코죠우)

도푼스키아키 거리

세나토르스카 거리

카비독로 거리

노면전차의 경로
⑳ 미요드봐 거리

왕궁광장
왕궁폐허

노비·즈야스트 거리

동역 방향

미요드봐 거리

히포테츄나 거리
발권은행

다뉘비 거리

슈로카 거리

시청사

레쟈거리

극장광장

오페라하우스 폐허

세나토르스카 거리

포슈 거리

███	현금 수송 차량
████	독일 호위 차량
Ⓐ	작전 실행부대 차량
Ⓑ	작전 실행부대 차량
⊡	통행을 방해하기 위해 갖다놓은 리어카
×—×	'출입금지' 방책
— —	현금 수송 차량의 진로
-----	현금 수송 차량의 예정 진로
••••	도주 경로
→	발포 방향
⑫	비트넬이 지휘하는 정찰부대
⑮	독일군 병사

시 발권은행에 근무하던 두 명의 폴란드인이 협력하였다. 작전 준비는 1934년 봄에는 완료되었으나 그 후에도 작전을 바로 시행하지 않은 것은 현금이 대량으로 수송될 때를 기다릴 필요가 있었기 때문이었다. 이와는 별개로 같은 해 6월에 중대한 사건이 발발하였다. 작전의 실행 부대의 한 명으로 예정되어 있던 메치스바프 브네예프스키의 결혼식 때 그의 친구 십수 명이 게슈타포에게 체포되어 계획이 좌절되었다. 그러나 실행 부대의 중심 인물인 예지 크레체코프스키가 체포되지 않아 작전 준비는 계속되었다. 이렇게 이 계획은 기획되고 1년 이상의 시간이 흐른 뒤 실행에 옮겨졌는데 작전명 '산 사나이'는 당시 5백 즈워티 지폐에 산악지대의 남성이 그려져 있었던 데서 붙여진 것이다.

1943년 8월 12일 오전 11시 전, 벨란스카로의 발권은행에서 시 청소국으로 위장한 독일 현금수송차가 나왔다. 수송차는 '극장'광장을 거쳐 세나툴스카로로 나와 묘도바로 방면으로 향했다. 원래는 묘도바로를 거쳐 '동'역으로 나올 예정이었으나 코자로의 입구에 폴란드 측이 설치한 '통행금지' 표식이 있어 그대로 직진하였다.

이때 정차해 있던 자동차 그늘에서 빈 상자를 실은 리

어카가 나타나 길을 막았다. 그 즉시 폴란드 측에서 발포를 시작하여 작전은 불과 2분 만에 끝이 났다. 폴란드 측은 1억 1천만 즈워티를 탈취하였다.

독일 측은 범인 수색에 나서 5백만 즈워티를 현상금으로 걸었으나 '목격자'로부터 단 한 통의 편지만 왔을 정도로 반향은 미미하였다. 발신인은 지그문트 3세 바사, 즉 근처의 구 시가지에 있는 지그문트 동상이 그 모든 것을 목격하고 있었다는 의미였다.

칼럼 – 카르스키는 홀로코스트를 목격하였는가

근년 얀 카르스키(본명 얀 로무알트 코지엘레프스키, 1914~2000)
에 관해 두 프랑스 책이 번역·간행되었다. 야니크 아넬
저(飛幡祐規 역)『유대인 대학살의 증인 얀 카르스키』(河出
書房新社, 2011)와 얀 카르스키 저(吉田 雄 역)『나는 홀로코스
트를 보았다: 암살된 세기의 증언 1939~43』(白水社, 2012)
이다.

카르스키는 어떤 인물인가? 간단히 말해 제2차 대전 초
반에 밀사로서 나치 점령하의 조국 폴란드와 망명정부
사이를 오가며 홀로코스트 등 중요 정보를 서방측에 전
하고, 전후에는 미국의 조지워싱턴대학에서 현대사, 국
제 관계론으로 교편을 잡은 인물이다. 최근 몇 년 동안 본
국 폴란드에서도 재평가가 이루어지고 있는 인물인데다
일본에서도 그 존재가 알려지게 된 것은 반가운 일이다.

『나는 홀로코스트를 보았다』의 원저『어느 비밀국가 이
야기』(Story of a Secret State)는 대전 중인 1944년에 미국에
서 간행되었다. 기억이 생생할 때 쓰인 이 회고록은 원래

는 제1급이 사료적 가치를 지닌다. 그러나 역사서로 인용하기에는 어려운 점이 많다. 대전 중에 집필·간행된 이 책에는 가명이 많이 쓰여 있고(그럴 수밖에 없는 이유가 있다) 결과적으로 인물을 특정할 수 없는 점이 하나이다. 또 하나는 소련의 전쟁 협력을 필수적이라고 생각하고 있던 1944년의 미국에서는 소련이나 폴란드의 인민군(이데올로기적으로 친소·친공)에 대한 부정적 평가가 인정되지 않아 결과적으로 이 책에도 그러한 기술이 없었던 점 때문에 사료로서의 객관성에 문제가 있는 것이다.

그런 결함이 있음에도 이 책은 일반서로서 호평을 받아 여러 언어로의 번역도 검토되었다. 프랑스어 번역은 『세계를 향한 나의 증언 어느 비밀국가의 이야기』(Mon témoignage devant le monde~Histoire đun État secret)라는 제목으로 1948년에 간행되었다(역자 불명). 폴란드어 번역은 『비밀국가 폴란드의 지하 국가 이야기』(Tajne państwo. Opowieśćo polskim podziemiu)는 체제 전환 후인 1999년에 겨우 간행되었다(역자는 카르스키 본인이 아니고 발데말 파세츠키). 그때까지 가명으로 쓰인 인물의 대부분이 주석에서 실명으로 밝혀지면서 사료적인 가치가 높아졌다. 2010년에는 세린 주르베 프란셀에 의해 상세한 주를 단 프랑스어 새 번역서가 나왔다. 일본어 번역본은 이 최신 프랑스 역서를 번역한 것이다. 카르스키의 원서는 집필 당시 영어·폴란드어의 바이링구얼 타이피스트인 크리스티나 소코보프스카의 협력을 받은 바 있으므로, 일본어 번역은 복수의 언어를 거친 중역(폴란드어→영어→프랑스어→일본어)이다.

오늘날 카르스키에 대해서는, 일본어 제목에서도 알수 있듯이, '홀로코스트를 목격하고 그 사실을 서방측에 전하고자 애썼으나 보상받지 못한 인물'이라는 평가가 정착되고 있다. 그렇기 때문에야말로 이스라엘의 야드 바셈 기념관[4]은 1982년에 카르스키를 '정의로운 외국인' 대열에 두기로 결정하였던 것이다. 『6천 명의 생명의 비자』로 알려진 스기하라 치우네에 비유할 수도 있을지 모른다. 그러나 과연 카르스키를 홀로코스트의 목격자라 말할 수 있을까?

1942년 8월 카르스키는 분트 대표인 레온 파이넬과 시오니스트 대표(메나헴 길슈바움인가?)의 안내를 받아 바르샤

---

4) 건축가 모셰 사프디가 설계한 홀로코스트 기념관으로 1953년 예루살렘의 서쪽 산지 경사면에 지어졌다. 야드 바셈이라는 말은 성경의 '이사야서'에서 따와 희생자들에게 이름을 붙여주고 기억하겠다는 의미에서 명명되었다. 홀로코스트와 대학살에 대한 과학적 연구를 위한 시설과 희생자들을 위한 공간, 유대인을 도운 이타적 외국인들을 기리는 공간, 자료실, 도서관, 미술관 등을 겸비한 복합 기념 시설이다.

바 게토를 방문하고 있었다. 당시 바르샤바 게토에는 약 10만 명의 유대인들이 갇혀 있었던 것으로 추정되는데, 이때까지 이미 약 30만 명의 유대인이 주로 트레블린카 절멸수용소로 이송되어 살해되었다. 게토에서 카르스키는 기아와 질병이 만연하는 유대인들이 처한 비참한 상황을 목도하였고 그곳에서 살해의 장면도 목격하였다. "우리는 보았다. (…) 모두 히틀러 청년단이 제복을 입고 있다. (…) 두 명 중 어린 사람이 옆 주머니에서 단총을 꺼냈고 우리는 비로소 무슨 일이 일어나고 있는가를 알게 되었다. (…) 소년의 눈이 어느 한 점을 응시하고 있었는데 어디를 보고 있는지는 우리 눈으로는 보이지 않는다. 그는 팔을 뻗쳐 단단히 조준을 하였다. 총성이 울리고 유리창이 깨지는 소리가 들린 뒤 겁에 질린 남자의 단말마의 비명소리가 울려 퍼졌다."(吉田垣雄 역). 카르스키는 클로드 란츠만 감독의 다큐멘터리 영화 〈쇼아〉(1985)에 출연하여 바로 이 사살 광경을 말하며 눈물을 흘리고 있다. 게토에서는 다수의 사체가 방치되어 있어 카르스키가 그것을 목격하였지만, 직접 살인을 본 것은 인용한 한 건 뿐이다.

카르스키에 의하면 게토를 방문한 며칠 후에 베우제츠

수용소에 잠입하였다고 한다. 그러나 그가 이때 실제로 방문한 장소는 이즈비차 게토였다(찾아본 모든 평전에서 그렇게 지적하고 있다). 여하튼 여기서도 비참한 광경을 목도하게 된다. "사람을 통조림처럼 실은 화차가 흔들리거나 비명을 내거나 하는 모습은 마치 마법 상자라도 보고 있는 느낌이었다. 수용소 내의 부지에서는 수십 명의 사람이 쓰러진 채 죽기 직전의 경련에 시달리고 있다. 독일 병사가 수용소 안을 돌면서 총구에서 연기가 나는 단총을 손에 들고 빈사의 수인들의 숨통을 끊고 있었다."(吉田垣雄 역) 이즈비차 게토는 베우제츠, 소비부르 양 수용소로의 이송 중계지로서 1941년 세워졌는데, 살육이 있었다 해도 그것을 주된 업무로 하고 있던 장소는 아니었다.

1942년 11월에 영국으로 건너간 카르스키가 서방측 고관들에게 홀로코스트 등의 문제를 전하려 한 것은 사실이다. 그러나 영국에서는 수상 처칠은 만나지도 못했고 외상 이든을 만난 게 고작이었다. 게다가 이든은 카르스키의 이야기에 귀를 기울이려고 하지 않았다. 이런 결과가 된 데는 두 가지 이유가 있을 것이다. 하나는 카르스키 이전에 홀로코스트에 관한 정보가 도착해 있어 이미 낡은 정보가 되었던 것이다. 같은 해 8월에 유대계 스위스인 게르하르트 리그나에 의해 나치의 유대인 문제의 '최종 해결'의 정보가 서방측에 알려져 있었다. 또 대량학살의 현장을 목격하지 않은 카르스키의 보고에서는 홀로코스트를 전언 형태로밖에 전달할 수 없어 결과적으로 설득력이 떨어지게 되었던 것이 아닐까.

다음 해 1943년 7월 28일 카르스키는 주미 폴란드대사인 얀 체하노프스키와 함께 루스벨트 대통령을 백악관에서 만났다. 이때의 회담은 불과 65분 정도로 유대인 문제는 회담 내용의 하나에 지나지 않았다. 이 회담의 성공 여부에 대해서 그는 회고록에서 명확한 기술을 피하고 있다. 그러나 1947년에 미국에서 출판된 체하노프스키의 회고록『승리 중 패배』(Defeat in Victory) 가운데 이렇게 쓰고 있다. "그(카르스키)는 오시비엥침(아우슈비츠), 마이다네이크, 다하우(뮌헨 근교의 도시), 오라니엔부르크(베를린 근교 도시), 여자 수용소인 라벤스부르크(베를린 근교의 휼스텐베르크 소재)에 대해 말하고, 경관으로 위장하여 방문한 트레블린카와 베우제츠 2개의 절멸수용소에 대해 대통령에게 신경을 자극하듯이 묘사하였다. "대통령님, 유대인의 비참한 상황에 대해 과장해서 말하는 게 아님을 맹세합니다"라고 카르스키는 계속하였다. 그 뒤 카르스키는 바르샤바의 유대인 대표의 요청이라며 미국이 독일의 도시를 폭격하도록 요구하였으나 대통령은 이에 대해 즉답을 피하고 있다. 폴란드 지하조직의 상태에 대해 카르스키에게 물으며 화제를 바꾸었던 것이다. 여기에서도 카르스키의 노력은 성사되지 못하였다.

과연 루스벨트가 유대인 문제를 무시하고 있었다고 말할 수 있을까? 루스벨트에 대해서도 홀로코스트의 현장을 직접 목격하지 못한 카르스키는 충분한 설득력을 갖지 못했던 것인 사실이 아닐까? 원래 체하노프스키에 의하면 카르스키는 트레블린카를 방문했다고 하였으나 실제로 두 절멸수용소를 방문한 사실은 없다. 다시 말하지만 그가 방문한 곳은 이미 언급하였듯이 바르샤바와 이즈비차의 게토이다. 두 게토의 참상을 본 것만으로 충분하지만 만약 카르스키가 절멸수용소까지 갔다면 영·미에 대한 설득 공작은 또 다른 전개를 보였을 것이다.

야니크 아넬 저『유대인 대학살의 증인 얀 카르스키』는 3부 구성으로 되어 있다. 제1부는 란츠만의 〈쇼아〉에 나오는 카르스키 증언의 요약, 제2부는 회고록『나는 홀로코스트를 보았다』의 요약, 제3부는 평전 토마스 우드, 스타니스와프 얀코프스키 공저『카르스키 한 남자가 어떻게 홀로코스트를 막으려 했는가』(KARSKI: How One Man Tried to Stop the Holocaust)에서 영감을 얻은 픽션이다. 제3부에서는 루스벨트와의 회담 후의 망연자실한 심경을 카르스키로 분하여 일인칭으로 말하고 있다. 이 책은 그 성격상 사료로 쓸 수는 없으나 역사소설로서는 걸작이어서 폴란드어를 비롯하여 여러 언어로 번역, 출판되었다.

카르스키가 란츠만으로부터 촬영 제안을 받은 것은 1977년이었다. 카르스키는 전후 30년 이상 오랜 시간에 걸쳐 유대인 문제에 침묵을 지키고 있었는데 그 이유는 분명치 않다. 『유대인 대학살의 증인 카르스키』의 제3부에도 있듯이 영·미 양국의 수뇌를 설득하지 못하고 유대인들을 구하지 못했다는 절망적인 심경 때문이었을까?

카르스키가 유대인 구제에 적극적이었던 것은 왜일까? 그가 다민족적인 도시 우치 출신인 것도 있겠지만 그렇게 단정하기는 경솔할 것이다. 다민족적 분위기에서 성장하였기 때문에 반대로 배타적인 생각을 갖게 된 사람도 있는 게 현실이기 때문이다.

폴란드에서는 21세기에 들어 예드바브네 사건의 진상이 밝혀졌다. 이는 1941년 7월 10일에 예드바브네(비아위스토크 근교의 작은 도시)에서 폴란드인에 의해 유대인이 학살당했던 사건이다. 유대인들이 소련에 정보를 흘리고 있다는 가짜뉴스를 독일군이 퍼트린 것이 배경이 되었다고 하지만, 학살에 독일군이 어느 정도 관여하고 있었는지는 확실치 않다. 여하튼 그때까지 독일인이 자행했다고 믿어왔기 때문에 충격이 컸다. 피해자로서의 역사관을 강조해온 폴란드인에게는 현대사의 가장 큰 역사의 오점이자 치욕인 것이다. 그러나 이것은 오히려 특수한 예이고 실제로는 유대인에게 구제의 손길을 내민 (혹은 내밀려 한) 폴란드인이 다수 있었다. 가톨릭계 작가인 조피아 코사크 슈추츠카는 인도적인 입장에서 유대인에게 손을 내밀어야 한다고 주장한 것으로 유명하다. "살인을 목도하면서도 침묵하는 자는 공범이고, 비난하지 않는 자는 이를 용인하고 있는 것이다." 카르스키도 유대인에 협력적이었던 한 사람이다.

카르스키의 생애는 밀사로서의 사명만큼이나 지금까지도 수수께끼가 많다. 앞으로 새 사료가 발견되어 연구가 더 진전되면 다양한 평가가 나올 것이다.

제 6 장

소련에 의한 해방과
대전 종결
—바르샤바 봉기의 공죄

노동자당의 전술 변경

폴란드 소련 간의 외교단절 후 폴란드노동자당의 전술에 큰 변화가 나타났다. 1943년 7월 당 기관지 〈자유논단〉은 망명정부의 정통성을 공격하기 시작하였다. 노동자당은 1943년 11월의 강령적 선언 「우리들은 무엇을 위해 싸우고 있는가!」 (3월의 소선언에 대비해 '대선언'으로 불린다) 에서 노선의 변경을 보여주었다. 이 선언은 망명정권이 정통성을 부정하고 있는 점, 서방 및 발트해 연안의 영토를 탈환해야 하며 인민군의 창설의 필요성을 주장하고 있는 점에서 소선언과 차이를 보여준다. 대선언은 노동자당과 망명정부를 대치시켜 국내의 민주주의적 민족전선이 전후의 정권을 담당할 권리를 가지며 자당이 지도적 역할을 해나가야 한다고 주장하였다. 노동자당은 소련의 영토 요구를 민주주의적인 것이며 민족적 이익과 직결된다고 주장함으로써 망명정권과 대립하고 있었다.

노동자당은 대선언을 실행하기 위해 11월 말에 '국내 국민평의회' 준비위원회를 발족시켜 국내의 좌익 그룹에게 평의회로의 참가를 촉구하였다. 12월 31일 바르샤바에서 제1회 평의회 회합이 열려 노동자당의 지도적 역할에 대해 확인하였다. 평의회 의장에는 볼레스와프 비에루트가 선출되었고 인민방위군을 '인민군'으로 개편하는 것도 결정되었다. 인민군 총사령관에는 미하우 지메루스키가 임명되었다.

노동자당은 1944년 7월 1일 자 당 기관지에서 망명정부의 민주주의 세력과는 협력할 의사가 있다고 명기하였다. 여기서 말하는 민주주의 세력이란 농민당과 폴란드사회당을 가리키는 것이다. 한편 스탈린도 망명정부와의 대화의 실마리는 남겨두고 있었다. 폴란드계 미국인 대학교수인 오스카 랑게는 스탈린으로부터 미코와이치크에게 소련의 전후 폴란드 구상을 설명하라는 요청을 받아 모스크바 방문에서 돌아온 뒤, 1944년 6월 13일 방미 중인 미코와이치크와 회담하였다. 랑게는 미코와이치크에게 다음과 같이 말했다

스탈린은 폴란드 정부와의 관계 재개를 바라고 있습니다. 폴란드 정부가 커즌선[1]에 관한 현재의 요구 수용에

---

1) 제1차 세계대전 후 영국 외무상 조지 커즌이 제창하여 정해진 폴란드와 소비에트러시아의 경계선으로, 2차 대전 후의 폴란드 동부 국경도 이 선의 위치에 있다.
1차 대전 후 국경 문제로 난항을 겪었는데, 베르사유조약에는 폴란드 동부 국경은 후일 정하기로 되어 있었다. 1919년에 '커즌선 안'이 제창되었는데, 이 선은 영국이 이전에 승인한 3차 폴란드분할 시의 프로이센과 러시아의 경계에 가까운 것이었다. 제창된 시점에는 국제 간 대립으로 받아들여지지 않았고, 폴란드는 분할 이전의 영토 회복을 주장하고 이를 거부했으며, 소비에트러시아와 사이에 무력 충돌까지 발생하였다. 이후 여러 과정을 거쳐 2차 대전 후의 폴란드 동부 국경으로 결정되었다.

소극적인 것은 그도 알고 있습니다. 그러나 적군(赤軍)
이 독일의 동반부를 제압하고 그 영토로 얼마간의 해결
을 볼 것을 확약하면 폴란드 정부는 회의 테이블에 앉을
거라고 스탈린은 생각하고 있습니다. 이 문제에 대해 당
신과 논의하고 싶다고 합니다. 그는 나에게 당신과 만나
그것을 전해달라고 부탁했습니다.

6월 23일 재런던의 각국 망명정부에 대해 파견되어 있
던 소련대사 빅토르 레베제프는 미코와이치크에게 소련
과의 관계 재개의 조건으로 3가지를 제안하였다. 커즌선
의 승인, 인사 혁신(대통령 라치키에비치, 군 최고사령관 소슨코프
스키, 참모장 마리안 쿠케르, 정보상 콧트의 경질), 카틴 숲 사건에
대한 망명정부 성명의 취소였다. 이에 대해 미코와이치
크는 모든 요구를 거절하였다. 세 번째 요구에는 "당신은
내게 나 자신이 각료로 있었던 시코르스키 정부를 비판
하라고 말씀하시는 겁니까?"라고 대답하였다.

1943년 10월 26일 자 정부 훈령

망명정부는 카틴 숲 사건 무렵 소련과의 사이에 외교 관계를 갖지 않았기 때문에 대응에 힘들어하고 있었다. 1943년 10월 18일 소련군이 키예프(키이우) 근교에서 드니프로강을 건너자 소련에 의한 폴란드 해방은 시간문제가 되었다. 10월 28일 국내군 총사령관 코모로프스키는 소슨코프스키에게 다음과 같이 타전하였다. "침입하는 러시아인에 대한 국내의 군사적 자세는 우유부단해서는 안 된다. 아니, 오히려 한 덩어리의 확고한 형태로 정치적으로 합목적적이고 역사적으로 순수한 것이어야 한다. (…) 만약 당신이 속히 결정하지 않으면 나는 단독으로 판단을 내릴 필요가 생길 것이다." 국내군은 소련군의 진입을 목전에 두고 정부 측으로부터 시국 대응 지침이 오지 않아 매우 초조해하고 있었다.

망명정부도 겨우 움직여 1943년 11월 1일에 같은 해 10월 26일 자로 국내에 훈령을 타전하였다. 훈령은 3부로 구성되어 제1부는 대독일 무장투쟁을 강화할 시기를 양자택일하는 형태로 내려왔다. 연합국의 동의를 얻을 수 없는 경우에는 봉기를, 그것이 무리인 경우에는 후방 교란을 실시한다고 되어 있었다. 제2부에는 폴란드 자신에 의한 전면적인 조국 해방에 앞서 소련군이 침입할 경우에 대해 언급하며, 폴란드-소련 간의 외교 관계가 회복되어 있는 경우와 그렇지 않은 경우에 대해 설명하고 있다. 전자의 경우에는 폴란드 정부가 행정권을 장악하고 또 독일군 점령지에서는 국내군이 후방교란을 실시한다고 되어 있었다. 제3부에서는 독일과 소련이 협조하는 경우에 대해 논하고 있는데, 그 경우에는 정부 대표부와 국내군은 자위에 필요한 최소 필요 활동은 예외로 하고 종래대로 더 지하 깊숙이 들어가 정부로부터 다음 지령을 기다리기로 했다.

'폭풍' 작전

훈령은 여러 경우와 그 대응이 막연하게 제시된 것에 불과했기 때문에, 구체적 현실적 활동 방침이 주어지기를 바라고 있던 국내군 총사령부로서는 환영하기 힘든 것이었다. 폴란드 국내에서는 정부는 국내군에 적극적인 역할을 기대하고 있지 않다는 인상을 받고 있었다. 이에 국내군 총사령부는 독자적으로 새로운 작전의 토대 만들기에 돌입하였다. 1943년 11월 19일 및 26일 자의 소슨코프스키 앞으로 보낸 전보에서 코모로프스키는 국내군의 의견을 전하고 있다. 전보에서는 국내군 부대가 소련군 앞에서 국가의 '주인'으로 모습을 나타내 주권을 주장할 것을 강조하면서, 이 방법 외에는 망명정부 측이 지하조직의 존재 의의를 보일 수 없다고 주장하였다. 전보에는 부속 문서로 1943년 11월 20일 자로 코모로프스키가 각지의 국내군에 보낸 지령의 사본이 첨부되어 있었다. 거기에는 '후방교란의 강화'로 언급되어 있으며, 이 작전은 코드네임 '폭풍'으로 이름 붙여져 있었다. '폭풍'은 정부 훈령에서 보여준 케이스의 하나로 국내군이 소련군 앞에 나타나 후방교란이기는 하나 봉기 및 정치적 효과에 대한 기대가 더해진 특징을 갖고 있다.

'폭풍'작전 계획에 대한 미코와이치크와 소슨코프스키의 자세는 달랐다. 미코와이치크는 적군과의 제휴는 폴란드 소련 사이에 군사협정을 성립시켜 잠정적 정치 협정으로까지 이어질 수 있다고 보았다. 한편 소슨코프스키는 '폭풍'이 성공 가능성이 없는 자연발생적 봉기로 발전할 수도 있어 국내군의 존재를 소련군에게 호소하는 것이 쉽지 않을 것으로 우려하고 있었다.

'폭풍'작전은 결국 1944년 2월 18일 망명정부 각료회의에서 승인되었다 그러나 소슨코프스키는 이후에도 여전히 '폭풍'에 대해 부정적인 태도를 견지하였다.

1944년 2월 구 폴란드령 우크라이나의 보빈 지방에서 '폭풍'작전이 전개되었다. 소련군과 국내군은 협력하여 대독일전에 임했으나 전투 종료 후 소련군은 국내군을 자신에게 충실한 군사력으로 흡수하려는 자세를 보였다. 국내군이 나라의 '주인'으로서 소련군을 맞이한다는 계획은 예상대로 사태가 진전되지 않았다. 그 후 비르노나 르부프(르비우)에서도 '폭풍'은 실행되었으나 소련 측의 태도는 보빈 때와 바뀌지 않았다. 이런 전개에도 불구하고 국내군은 '폭풍'작전을 방기하지도 변경하지도 않았다. 오히려 국내군은 실패로부터 더 많은 노력이 필요함을 배우게 되었고, 결국 모든 의미에서 폴란드라는 나라를 상징하는 수도 바르샤바에서의 전투가 필요하다고 생각하게 되었던 것이다.

테헤란회담

1943년 11월 28일부터 12월 1일까지 이란의 수도 테헤란에서 처칠, 루스벨트, 스탈린에 의한 영·미·소 세 나라의 영수 회담이 열렸다. 제2전선을 둘러싸고 처칠이 발칸반도를 주장한 데 대해 루스벨트와 스탈린은 북프랑스를 거론하였다. 결국 미·소의 주장이 받아들여져 1944년 5월에 북프랑스에 제2전선의 설치할 것을 결정하였다. 이는 폴란드 해방을 소련군에 맡긴다는 것을 의미한다. 또 폴란드 국경 문제에 대해서도 논의하여 커즌선을 동부 국경으로, 오데르-나이세선을 서부 국경으로 할 것이 결정되었다(단 동東나이세강으로 할지 서西나이세강으로 할지는 정해지지 않았다). 이리하여 폴란드 문제에 당사국인 폴란드의 참가 없이 결론이 내려졌고 게다가 테헤란회담에서의 결정 사항을 망명정부에는 알리지도 않았던 것이다(미코와이치크가 테헤란회담의 결정에 대해 안 것은 1944년 10월 소련을 방문했을 때였다).

1944년 1월 3일부터 다음 날 4일에 걸쳐 소련군은 사르니(현재의 우크라이나 서부 도시) 근교에서 전전의 폴란드 국경(리가 국경)을 넘었다. 6월 6일에 폴란드 망명정부는 이 땅에 폴란드의 주권이 미친다는 것을 성명을 통해 주장하였다.

쿠체라 암살 사건

1944년 2월 1일 바르샤바의 우야즈드프스키에로 23번지에서 제2차 대전 중의 폴란드 저항운동 중에서도 특히 잘 알려진 쿠체라[2] 암살 사건이 일어났다.

프란츠 쿠체라가 바르샤바의 SS(친위대) 및 경찰대 장관으로 취임한 1943년 9월부터 다음 해 44년 1월은 독일의 점령 정책이 엄격히 시행되고 있던 시기였다. 쿠체라의 재임 중에 바르샤바에서는 33회에 걸쳐 대규모 처형이 이루어져 1,500명이 넘는 희생자가 나왔고 또 7천 명 이상이 강제수용소로 끌려갔다.

국내군 총사령부는 쿠체라의 암살을 결정하고 독일군 간부 암살 실적이 있는 아담 보리스가 이끄는 '베가스' 그룹에 그 임무를 맡겼다. 암살 지령은 1944년 1월 21일 내려졌으나 이미 1943년 12월 10일경부터 '베가스' 그룹에

2) Franz Kutschera(1904-1944). 오스트리아헝가리제국에서 태어나 해군을 거쳐 1930년 나치당에 입당하여 친위대 지휘관으로 승진하였고, 1943년에 폴란드 총독부 바르샤바 친위대장에 임명되었다. 1944년에 폴란드 국내군에 암살당했다.

서 독자적으로 쿠체라의 동향을 조사하고 있었기 때문에 작전 실시까지 시간이 얼마 걸리지 않았다. 쿠체라의 행동이 대체로 규칙적이었고 경비가 삼엄하지 않아 공격 기회가 얼마든지 있어 암살 계획은 쉽게 입안되었다.

작전은 2월 10일 오전 9시 넘어 루슈가(2번지에 쿠체라 거주)와 피우스 1세 거리(현 벤크나로)가 겹쳐진 우야즈드프스케가의 한 모퉁이에서 실시되었다. 쿠체라를 태우고 우야즈드프스케로를 달리던 자동차를 피우스 1세 도로로 나온 미하우 잇사에비치(암호명 '미시')가 운전하는 차가 가로지른 직후에 총격전이 시작되어 쿠체라와 기사, 두 명의 경호원이 사망하고 부관은 중상을 입었다. 작전은 불과 14분 40초 만에 끝났다.

한편 폴란드 측은 브로니스와프 베트라셰비치(암호명 '로트'), 마리안 센겔(암호명 '치히'), 헨리크 프멘츠키(암호명 '올브짐'), 인사예비치의 4명이 부상당했다. 카지미에시 조트(암호명 '소쿠')와 즈비그네프 겐지츠키(암호명 '유노')는 표트라셰비치와 센겔을 슈라코프스키로의 병원에 데려다준 뒤 켈베치 다리(현 실롱스크 동브로스프스키교)에서 독일 측의 검문에 걸렸다. 그 직후에 총격전이 벌어져 곧 조트와 겐시츠키의 탄약은 바닥났다. 둘은 비스와강으로 뛰어들었지

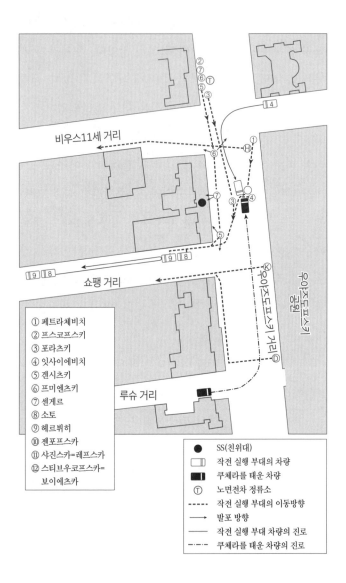

비우스11세 거리

쇼팽 거리

루슈 거리

① 페트라체비치
② 프스코프스키
③ 포라츠키
④ 잇사이에비치
⑤ 겐시츠키
⑥ 프미엔츠키
⑦ 셴게르
⑧ 소토
⑨ 헤르뷔히
⑩ 젠포프스카
⑪ 샤진스카=레프스카
⑫ 스티브우코프스카=
　 보이에츠카

● SS(친위대)
▭ 작전 실행 부대의 차량
▬ 쿠체라를 태운 차량
Ⓣ 노면전차 정류소
----- 작전 실행 부대의 이동방향
→ 발포 방향
── 작전 실행 부대 차량의 진로
─·─ 쿠체라를 태운 차량의 진로

174

만 다리 위와 강의 양쪽에서 독일군이 발포하여 사망하였다.

사건 다음 날인 2월 2일에 독일군은 보복으로 현장에서 좀 가까운 우야즈드프스케가 25번지에서 파뱌크 감옥에 수감되어 있던 1백 명을 사살하고 바르샤바에 대해 1억 즈워티의 배상금을 부과하였다. 그 후에도 두 차례(2월 15일과 17일) 독일군은 60여 명을 살해하고 그 뒤에는 무차별 학살 같은 살육 행위는 자제하였다. 이것이 160여 명의 희생자를 내고 폴란드가 얻은 쿠체라 암살 사건이다.

에지 파센드르펠 감독은 1958년 쿠체라 암살 사건을 영화화하였다(타이틀은 〈암살〉). 실제 사건과는 다른 점이 있으나 대개 사실에 의거하여 구성되어 있다. 각본은 바이다 감독의 〈지하수도〉를 담당한 에지 스테판 스타빈스키가 맡았고 카메라도 〈지하수도〉 때와 같이 에지 리프만이었다. 〈암살〉은 다음 해 일본에서도 공개되어(일본 제목 〈폭력에의 회답〉), 당시 한정된 정보밖에 없던 정보로는 많은 일본인들이 작품이 배경 등을 이해하기 힘들었던 듯하다.

바르샤바에 '폭풍' 작전 도입

소련군의 전선이 바르샤바에 도달한 경우 당초의 '폭풍' 작전의 계획에 따르면 군비가 갖춰져 있는 바르샤바 시의 국내군 부대는 서쪽으로 이동하여 서쪽 및 남서쪽으로 달리는 도로를 따라 작전을 수행하기로 되어 있었다. '폭풍' 작전은 후방교란이 목적이고 시내에서의 본격적인 봉기는 예상 밖이었다.

1944년 3월이 되자 코모로프스키는 무방비한 시민을 옹호하고 역사적 건조물을 파괴에서 지켜내기 위해 바르샤바를 정식으로 '폭풍'의 대상 외 지역으로 하였다. 이후 국내군의 무기 탄약의 대부분은 비스와강 이동의 '폭풍' 작전에 충당되었다.

7월 21일 코모로프스키 국내군 참모장 타디바슈 페우친스키 작전참모 레오폴드 오쿨리츠키에 의한 '3장군 회의'가 열렸다. 회의에서는 바르샤바에서의 작전 실시가 타당하다고 판단되어 실현을 목표로 나아가야 한다고 결론 내렸다.

바르샤바가 '폭풍'의 무대로 부상한 것은 보빈이나 비르노에서 실시된 이 작전이 성공하지 못했으므로 지방 도시의 해방으로는 불충분하다고 국내군 총사령부가 인식했기 때문이다. 또 국내국민평의회와 폴란드애국자동맹을 모체로 하는 '폴란드국민해방위원회'가 7월 21일에 발족했다는 소식이 전해진 것이 3장군 회의가 끝난 후였기 때문에 직접적인 영향으로 볼 수는 없으나, 수도에서의 '폭풍'이 필수적이라는 강한 인상을 남겼던 것이다. 해방위원회가 7월 22일 발표한 마니페스트(매니페스토)에는 "폴란드 국민해방위원회는 국민의 해방 투쟁을 지도하고 폴란드 국가를 재건하기 위한 임시 집행기관이다"라고 명기되어 있다. 8월 1일 해방위원회는 소련에 정식으로 승인되었고 8월 2일부터는 루블린으로 거점을 옮겨 활동을 시작하였다. 그 때문에 '루블린위원회'라는 통칭으로 불린다.

군사적으로는 1944년 6월 22일에 개시된 소련군의 공격(바크라치온 작전)이 파죽지세의 진격 양상을 보여 소련군에 의한 바르샤바 해방이 시간문제로 여겨지고 있었다. 게다가 같은 해 7월 20일에 일어난 히틀러 암살 미수는 제3제국의 붕괴가 멀지 않았음을 국내군에게 인식시키는 계기가 되었다.

7월 29일 오후 8시 15분, 모스크바 방송은 폴란드어로 바르샤바 시민들에게 "바르샤바에는 이미 포성이 울리고 있음이 틀림없다. 히틀러 같은 침략자들에 대해 결코 굴하지 않고 계속 싸워온 바르샤바가 움직일 때가 이미 온 것이다"라고 궐기를 촉구하는 성명을 발표하였다.

7월 31일 오후 4시 반경 국내군 바르샤바 지역사령관 안토니 울시첼은 총사령부 작전회의장에 나타나 적군(소련군)이 바르샤바 동쪽에 거의 와 있고 비스와강 우측의 독일군 교두보가 파괴되었음을 보고하였다. 이를 듣고 코모로프스키는 전투 개시를 결단하였다. 정부 대표 얀 스타니와프 얀코프스키도 이에 동조하여 다음 날인 8월 1일 오후 5시에 바르샤바에서 '폭풍'을 개시할 것이 결정되었다.

바르샤바 봉기의 외국인

스가 시노부須賀しのぶ 저 『또 벚꽃의 나라에서』(祥伝社, 2016)는 1938년에 외교관으로 폴란드에 부임한 주인공 타나쿠라 마코토棚倉愼가 일본과 폴란드 양국 간의 우호적인 관계를 구축하고 유지하는 데 힘쓰는 이야기이다. 독일군의 폴란드 침공 후 주인공은 폴란드를 떠났으나 다

시 돌아가 1944년의 바르샤바 봉기에 몸을 던졌다는 감동적인 이야기를 다루고 있다.

『또 벚꽃의 나라에서』는 픽션이지만, 바르샤바 봉기에서 봉기군 측에서 전투에 참가한 외국인은 실재하였다. 폴란드 역사가 스타니스와프 오켄츠키에 의하면 그들의 국적은 프랑스, 벨기에, 네덜란드, 이탈리아, 헝가리, 아르메니아, 아제르바이잔, 우크라이나 등 18개국에 달한다(일본인의 참가자는 없다). 참가 이유는 다양하나 어떤 이유로든 1944년 여름에 바르샤바에 머물고 있던 사람들이다.

헝가리인의 공헌은 특히 유명하다. 바르샤바의 겐샤가의 강제노동수용소에 갇혀 있던 헝가리 국적의 348명(주로 유대인)은 폴란드 국내군 '존카' 대대에 의해 8월 5일 해방을 맞았다. 해방된 유대인들은 봉기에 합류하여 국내군과 함께 싸웠다. 반대로 독일군 측에서 싸운 헝가리인도 있었으나 전력으로서의 기대치는 약했다. 독일군 제9사령관 니콜라스 폰 포아만 소령은 8월 19일 '중앙'군 집단사령관 발터 모델 중령에게 다음과 같이 보고하고 있다. '헝가리 제12 예비사단이 (⋯) 자신들의 임무를 달성할 것 같지는 않다. 부대는 폴란드인의 환대를 받았다. (⋯) 수세기에 걸친 헝가리와 폴란드, 양 민족 간의 전통

깊은 우호가 헝가리인 (…) 작전의 억지력이 되고 있다."
이런 상황은 부다페스트의 반독일 쿠데타의 조짐과 함께
날로 심각해져갔으므로 제9사령관은 결국 이 사단을 전
력 외로 간주하고 헝가리로 돌려보냈다.

바르샤바 봉기 그리고 미코와이치크의 사임

스탈린은 미코와이치크에게 앞으로의 회담의 전제 조
건으로 망명정부와 해방위원회가 협의하도록 촉구하였
다. 1944년 8월 6일에서 7일 사이에 모스크바에서 해방
위원회 대표(볼레스와프 비에루트, 에드바르트 오소브카 모라프스키,
안제이 비토스, 미하우 지미에르스키)와 미코와이치크가 회담하
였으나 합의에 이르지 못했다. 비에루트가 제시한 해방
위원회 측의 정부안은 미코와이치크를 수상으로 하되 각
료 중 14명까지를 루블린에서, 망명정부에서는 4명의 참
가가 바람직하다는 것이었다. 미코와이치크는 이 제안
을 단호히 거절하였고 결국 양자의 주장이 팽팽하여 동
부 국경 문제에 대해서도 평행선을 달렸다.

미코와이치크의 소련 방문에 대해 국내군 측은 '폭풍'

작전의 호기로 인식하였다. 8월 1일에 실시된 바르샤바에서의 작전은 많은 일반 시민들이 참가한 민족 봉기가 되었기 때문에 '바르샤바 봉기'로 불린다. 군사적으로 반독일, 정치적으로 반소련·반공산주의 봉기는 단기간에 독일군으로부터 바르샤바를 해방시키고 진주해오는 소련군을 나라의 주인으로 맞아들일 계획이었다. 그러나 실제로 전투는 2개월이나 계속되어 20여만 명의 사망자를 내고 독일군의 승리로 끝났다. 작전이 성공하려면 소련군의 바르샤바 입성에 대한 군사 협력이 전제되어야 했는데, 국내군은 작전의 정치적 성과를 우선하여 소련군과의 연계에 관해 전혀 사전 협의를 하지 않았다. 소련군은 봉기 3일째부터 바르샤바 주변에서 작전을 중지하였는데 이는 봉기의 반소련 성향을 안 스탈린이 바르샤바를 포기했기 때문이라고 말해지는 이유이기도 하다.

10월 2일 심야, 63일 동안 계속된 바르샤바 봉기의 전투는 막을 내렸다. 전투의 장기화는 국내군에 대한 일반 시민들의 비판을 격화시켰고 망명정부의 국내에 대한 영향력 약화로 이어졌다.

봉기 패배 후 모스크바에서 해방위원회와 망명정부 사이에 다시 협상할 기회가 마련되었다. 해방위원회 대표

비엘트는 8월의 주장을 되풀이하였으나 미코와이치크 또한 양보할 자세를 보이지 않았다. 이에 대한 처칠의 위협적인 설득으로 미코와이치크는 런던으로 돌아가 커즌선의 승인 여부에 대해 동료들과 논의할 것을 약속하였다가 망명정부의 간부들이 커즌선의 수용을 거부하자 미코와이치크는 사임하였다. 후임의 토마슈 알치셰프스키 정부는 반소련적 인물들로 채워져 망명정부는 서방 여러 나라의 지지를 잃게 되었다.

12월 31일 해방위원회는 오소브카 모라프스키를 수반으로 하는 임시정부로 개편되어 다음 해 45년 1월 2일 소련의 승인을 받았다. 1945년 1월 17일 임시정부는 해방 직후 바르샤바로 본거지를 옮기고 활동을 시작하였다.

얄타회담

1945년 2월 4일부터 11일까지 소련령 크림반도의 얄타에서 처칠, 루스벨트, 스탈린이 다시 모여 전후 구상을 논의하였다. 이 회담에서 가장 많은 시간을 할애한 것이 폴란드 문제였다. 동부 국경은 커즌선으로 하는 것은 삼국이 일치된 견해임을 확인하였으나 르부프를 둘러싸고는 의견이 대립하였다. 영·미는 폴란드에 귀속되어야한다고 주장하였으나 소련은 이에 반대하였다. 최종적으로는 스탈린의 주장이 수용되었다. 한편 서부 국경에 대해 성명에서는 "폴란드 북부 및 서부에서 상당한 영토를 얻어야 한다"고만 언급하고 그 크기에 대해서는 강화회의에서 결정하기로 하였다.

폴란드 정부에 대해서는 다음과 같이 발표하였다. "현재의 폴란드에서 기능하고 있는 임시정부는 폴란드 안팎으로부터 민주적 지도자를 포함하여 보다 광범한 민주주의적 기초 위에 재편되어야 한다. 그 후 이 신정부는 폴란드 거국일치 임시정부로 불릴 것이다. (소련 외상) 몰로토프, (주소련 미국대사) 윌리엄 해리먼, (주소련 영국대사) 아치볼트 클락 카 등 3명은 위의 방법에 따라 현 정권을 재편하기 위해 임명되어 위원회를 조직하며 우선 모스크바에서 현 임시정부 각료 및 폴란드 내외의 민주적 폴란드인 지도자들과 협의한다."

폴란드 망명정부는 2월 13일의 성명에서 "삼자회담에서 만들어진 폴란드에 관한 결정을 폴란드 정부는 수용할 수 없다. 그러므로 그 결정들은 폴란드 국민에 강제력을 가질 수 없다"고 발표하였다.

얄타회담에서는 독일 항복 후에 소련이 대일본전에 참전할 것도 결정되었다. 주스웨덴 일본공사관 소속 무관인 오노데라 마코토小野寺信는 이 정보를 폴란드인 간첩 미하우 리비코프스키로부터 얻어내 일본의 육군참모본부에 타전하였다. 그러나 일본에서 이 내용은 검토된 적이 없었다.

전후 지배를 향하여

얄타회담 이후 소련 정부와 군은 자신들에 적대하는 폴란드의 모든 조직에 대한 탄압을 강화하였다. 1945년 3월 28일 소련내무인민위원부는 폴란드의 저항운동의 지도자 16명을 체포하고 비행기로 모스크바로 연행한 뒤 투옥하였다. 한편 폴란드노동자당은 소련의 원조도 더해져 급속히 세력을 확대하고 있었다.

모스크바에서는 얄타회담에 의거하여 폴란드 거국일치 임시정부를 성립시키기 위해 삼자위원회가 열렸다. 위원회는 2월 23일의 첫 회합 때부터 분열되었다. 몰로토프가 신정부의 각료 임명은 바로 소련 정부의 승인을 거쳐야 한다고 주장한 데 대해, 해리먼과 클락 카는 그에 정면으로 반대하였던 것이다. 영·미가 미코와이치크의 입국을 희망한 데 비해 소련은 그를 회의에 초대하는 것조차 반대하였다. 스탈린은 1945년 4월 7일 자 루스벨트에게 보낸 서한에서 "크림(얄타) 회담에서 우리 세 명은 모두 폴란드 임시정부를 지금 폴란드에서 행동하고 있는 정부로 간주하고 이를 개편하여 새로운 거국일치정부의 핵심으로 삼아야 한다고 보았던 것입니다"라며 영·미를 견제하였다.

소련과의 문제 해결의 실마리를 찾고자 미국 외교고문 해리 홉킨스가 5월 25일에 모스크바에 파견되었다. 스탈린은 홉킨스와의 회담에서 폴란드거국일치정부의 인선은 현 임시정부의 전권 사항이라는 주장을 철회하였다. 소련이 서방측에 양보함에 따라 폴란드노동자당도 강경노선을 수정하지 않을 수 없게 되었다.

이리하여 6월 28일에 수립된 거국일치정부는 의장에 비에루트, 수상에 오소브카 모라프스키, 제1부수상에 비와디스와프 고무우카, 제3부수상에 미코와이치크를 내세운 진영으로 꾸려졌고, 22개의 각료 자리 중 14석이 루블린위원회 출신으로 채워졌다. 노동자당의 권력에 대한 자세는 6월 18일의 고무우카 연설에 잘 나타나 있다.

"여러분에게는 폴란드 민족의 피가 흐르고 있습니다. 소련내무인민위원부가 폴란드를 지배하고 있다고 부르짖을 수도 있지만 소리 지른다고 우리가 나아가고 있는 길을 되돌릴 수는 없습니다. 여러분의 선택지는 우리와 합류하여 폴란드 재건을 위해 함께 노력하든가 아니면 영원히 결별하든가, 둘 중 하나입니다." 7월 초순 거국일치임시정부는 서방측 여러 나라의 승인을 얻었다.

1945년 7월 17일부터 8월 2일까지 독일의 포츠담에서 회담이 열렸고, 폴란드 문제에 대해서는 서부 국경 문제를 논의하였다. 소련은 서西나이세강 이동을 폴란드령으로 할 것을 주장한 데 대해 영·미 양국은 반대하였다. 최종 해결은 강화회의로 넘어가게 되었다. 폴란드가 독일로부터 보다 넓은 영토를 획득하면 그만큼 폴란드의 소련에 대한 의존도가 높아질 것은 자명한 일이었다. 스탈린의 목적은 바로 거기에 있었다.

칼럼 – 바르샤바 봉기는 정말 불가피한 것이었을까?

폴란드 현대사에서 바르샤바 봉기는 가장 논쟁적 사건임은 두말할 나위가 없다. 과연 봉기는 필요했던 것일까? 국내총사령부의 봉기(엄밀하게는 바르샤바의 '폭풍'작전) 개시 명령은 시의적절했을까? 스탈린의 대對봉기 정책은 어떠한 것이었는가? 지금까지도 봉기를 둘러싼 문제는 활발히 토론되고 있다.

이 칼럼에서는 영국의 폴란드사 연구자 노먼 데이비스의 바르샤바 봉기를 논한 저작(영어원서의 간행은 2003년)을 고찰해보겠다. 데이비스는 1939년 6월 8일 영국 볼트 출생, 옥스퍼드대학의 모들린 칼리지에서 역사학을 배운 뒤 그르노블(프랑스), 페루자(이탈리아)에서 재외 연구를 하며 구 소련에서 박사 학위를 취득하고자 하였으나 입국 허가를 받지 못해 폴란드의 크라쿠프의 야기엘론스키대학으로 유학처를 바꿔 폴란드-소비에트 전쟁을 연구하였다. 그러나 당시의 폴란드에서는 이 주제가 금기였기 때문에 학위 청구 논문의 테마를 동 전쟁 시기, 영국의 대폴란드 정책으로 변경하였다. 1971년 이후 런던대학 슬라브동구학연구소에서 교편을 잡았다(1985~96년 같은 대학의 교수). 1982~83년에는 홋카이도대학 슬라브연구센터에서 객원연구원으로 연구차 체류한 바 있다.

지금까지 폴란드사를 중심으로 20여 권의 저서를 냈고 대부분의 저서가 폴란드어로 번역, 출간되었다. 폴란드인들에게 데이비스 이상으로 유명한 외국인 폴란드 연구자는 없을 정도임은 분명하다. 그가 이 정도로 유명해진 배경에는 영국권의 연구자라는 사실에 더해, 저작 그 자체가 문학풍의 문체로 읽기 쉽다는 점도 관련이 있다. 데이비스의 『Europe: A History, Oxford, 1996』도 일본어로 번역되어 있다(別宮貞德 역『ヨーロッパ』 전4권, 共同通信社, 2004)

이처럼 폴란드인들에게 잘 알려진 데이비스이므로 『바르샤바 봉기 1944』의 폴란드어 판의 서문에서 다음과 같이 쓰고 있는 점도 이해가 된다. "만약 내가 1944년에 젊은 나이로 바르샤바에 있었다면 분명 국내군에 들어갔을 것이다. 전쟁 중 나는 행복한 지하 활동가였을 것이다. (…) 나는 폐허로 돌진하여 독일군에 공격을 가할 정도의 기개는 있었으리라. 그러나 동시에 얌전한 성격에 경험도 부족한 나로서는 얼마 못 가 죽임을 당했을지도 모른다. 그래서인지 더욱 크시슈토프 카밀 바친스키(1921~44. 폴란드의 시인, 국내군 병사, 바르샤바 봉기 때 전사)의 생애와 전설에 가슴이 뭉클해진다." 그러나 이 말은 폴란드인의 '비위 맞추기' 정도가 아닐까? 그는 폴란드에서의 명성 때문에 '봉기는 무모한 시도였다' '봉기는 필요치 않았다'라고 쓰지 못했을 수도 있다.

데이비스의 폴란드인 비위를 맞추는 듯한 사관에 불만을 토로한 얀 메치스와프 체하노프스키(1930~2016)라는 역사가가 있다.

데이비스는 앞의 책 『신들의 놀이터─폴란드사』(God's Playground: A history of Poland, Oxford, 1981)에서는 "바르샤바 봉기의 개시 결정이 폴란드인들에게는 현대사의 가장 큰 비극적 사건이었음은 의심의 여지가 없고, 결국 봉기에서 이길 승산은 거의 없다시피 했다"고 쓰고 있다. 국내군 총사령관 코모로프스키는 봉기 개시를 명했는데 이 책에서 그는 이것을 가리켜 "(물에 빠진 사람은) 지푸라기라도 잡는" 것과 같은 행동이었다고 평가한다. 또 데이비스는 이전에 체하노프스키의 저작 *The Warsaw Rising 1944*(일본어 번역본은 『바르샤바 봉기 1944』(梅本浩志 역, 筑摩書房, 1989)에 대한 서평에서 브와디스와프 안데르스의 견해에 동조하여 "봉기는 명백한 범죄행위이다"라고 쓴 적도 있었다.

체하노프스키는 신랄하게 다음과 같이 쓰고 있다. "노먼 데이비스가 바르샤바 봉기에 대해 견해를 180도 바꾸는 것은 물론 자유이다. 그러나 남들은 이같이 견해를 바꾸는 자를 기회주의자로 부를 수도 있다"라고. (『역사학 노트』149호)

바르샤바에서 '폭풍' 작전의 실시를 결정한 것은 1944년 7월 21일 이른바 '3장군 회의'에서였다. 수도에서의 전투 개시를 가장 소리 높여 주장한 사람은 국내군 총사령부 작전참모인 오쿨리츠키였다. 그는 1941년 1월 22일 새벽, 소련외무인민위원부에 체포되어 고문당하며 조사받은 결과 국내군의 전신인 무장투쟁동맹의 내용을 폭로하였다, 체하노프스키에 의하면, 오쿨리츠키가 바르샤바전을 강하게 주장한 것은 어떤 의미에서 '개인적인 명예 회복' 때문이었다. 데이비스는 '16일 재판'(1945년 6월에 열린 국내군 간부들에 대한 과시성 재판)에서의 오쿨리츠키의 행동을 언급하며 "무서움을 모르는 완벽한 기사"로 표현하였다. 그러나 오쿨리츠키는 4년 전에 소련외교인민위원부에 중요한 정보를 누설한 과거가 있었던 것이다.

데이비스는 봉기 결정은 합당한 것이었으며, 실패한 원인은 영·미가 마땅히 해야 할 외교적·군사적 협력을 하지 않았기 때문이라고 주장한다. 그에 의하면 1944년 중반까지 스탈린은 망명정부에 양보할 용의가 있었기 때문에 "만약 서방측 연합국이 단호한 자세로 임했다면" 사태는 달라졌을 가능성이 있었다는 것이다. 데이비스의 이러한 주장은 현재의 폴란드 정서를 배려한 결과로 보이나 영·미의 전략 외교정책에서 폴란드가 어느 정도 중요한 위치를 차지하는지는 먼저 고려해봐야 한다. 즉 폴란드 문제에 적극적으로 관여해도 충분한 보상을 기대할 수 없다는 판단이 양국의 소극적인 태도의 배경에 있었던 것이다. 게다가 영·미는 봉기에 협력하겠다고 밝히지 않았고, 국내군의 후방교란 및 첩보 활동에 대해 이해를 보인 정도이다.

봉기 실패의 책임이 영·미에 있다고 단정 짓는 것은 쉬우나 과연 영·미가 압력을 가했다면 스탈린의 태도를 바꿀 수 있었을까? 이를 "신에게 매달리기만 하는 것"으로 표현하며 데이비스의 주장에 반론을 제기하는 연구자(유리우슈 우카셰비치)도 있다(『역사학 노트』제149호).

봉기는 정말로 필요하고 불가피했는가? 체하노프스키

는 다음과 같이 봉기 그 자체의 가치를 근본적으로 부정하고 있는데, 타당할지도 모르겠다.

바르샤바 봉기는 전쟁이나 독일군에 의한 폴란드 점령을 하루라도 줄이지도 못하였고 폴란드 공산주의자들이 전국에서 권력을 잡는 것을 막아내지도 못했다. 아니, 오히려 스탈린에게 엄청나게 협력함으로써 폴란드 공산주의자들의 권력 장악을 용이하게 하였던 것이다.

(『역사학 노트』 제149)

한편으로 체하노프스키의 견해는 지나치게 결과론으로 해석하고 있는 점이 없지도 않다. 당시 국내군 총사령부가 처해 있던 고립무원의 상황을 감안하면 혹독한 평가만을 내리는 것도 좀 문제가 있지 않나 하는 생각이 된다.

폴란드의 저명한 현대사 연구자인 안제이 K. 쿠네르트는 폴란드인들에게는 "자기 자신의 정치를 하는 것뿐 아니라 스스로 오류를 범할" 충분한 권리가 있다고 말하며 봉기를 정당화하려 한다. 쿠네르트와 같은 연구자에게 체하노프스키의 주장 등은 말도 안 되는 것으로 비춰지리라.

제 7 장

사회주의 정권 시대

—소련 지배의 속박 아래

1946년 국민투표

1945년 가을 단계에서 폴란드노동자당의 당원은 약 23만 명이었는데, 미코와이치크에 의해 재건된 폴란드 농민당의 당원은 50만 명이 넘었다. 이에 노동자당은 우선 문제가 없다는 점을 들어 국민투표를 실시하여 그 결과를 국민으로부터의 지지로 이용하려 하였다. 국민에 대한 질문은 세 가지였다. 1. 상원 폐지에 찬성하는가, 2. 농지개혁을 실시하고 사기업의 권리를 유지하면서도 기간산업을 국유화하는 경제 시스템을 장래의 헌법으로 제도화할 것인가, 3. 오데르-나이세강을 폴란드의 서부 국경으로 하는 데 찬성하는가였다. 농민당은 독자 노선을 내기 위해 제1에 대해서는 거부할 방침을 굳혔다.

다음 해 1946년 6월 30일 국민투표가 실시되어 7월 12일에 드디어 결과가 발표되었다. 그에 따르면 제1의 질문에 대해 68.2%, 제2의 질문은 77.3%, 제3의 질문은 91.4%가 찬성하였다. 그러나 근년의 연구에 의해 세 질문 모두 긍정적으로 답한 것은 투표자 총수의 26.9%에 지나지 않았음이 밝혀지고 있다. 제1의 질문에 찬성이 30.5%, 제2의 질문에 44.5%, 제3의 질문에 68.3%였다. 투표 결과는 부정으로 조작된 것이었다.

키엘체 사건

사건은 1946년 7월 4일에 일어났다. 폴란드인에 의한 유대인 습격 사건은 각지에서 일어나고 있었다. 그중 키엘체 사건은 최대 규모였다.

같은 해 1월 중순 단계에서 폴란드 국내의 유대인은 8만 6천 명 정도였다. 2월에서 7월 사이에 소련 영내로부터 돌아온 유대인은 13만 6천 명에 달한다. 당시 폴란드 인구는 2,400만이었으므로 유대인이 점하는 비율은 1% 정도였다. 이 유대인의 대부분은 폴란드 이외의 땅으로의 이주를 생각하고 있었는데 이는 폴란드를 안주의 땅이라고 여기지 않아서였다. 예를 들면 도덕적으로 권위 있는 교회가 유대인에 대해 부정적인 발언을 계속하고 있었다.

키엘체 사건은 아무 근거도 없는 소문으로 병사, 경관, 시민들이 과민하게 반응하여 유대인 37명을 학살한 사건이다(폴란드인 3명도 사망). 이 학살 사건의 결과 폴란드를 탈출하는 유대인의 수가 급증하였다. 1945년 7월부터 다음 해인 1946년 12월까지 폴란드를 떠난 유대인은 13만 명에 달했고, 키엘체 사건 직후인 1946년 8월에만 3만 3천 명의 유대인이 망명하였다.

1947년 총선거

1947년 1월 19일에 총선거가 실시되었다. 노동자당은 사회당과의 연계를 기본으로 민주주의 블록을 결성하여 선거에 임하였다. 공식 발표에 의하면 득표율은 민주주의 블록이 80.1%, 폴란드농민당이 10.3%였다. 국민투표의 경우와 마찬가지로 부정 조작이 있었던 것은 틀림없으나 그 진위에 대해서는 확인할 방법이 없다. 단 키엘체 지구에 남아 있는 노동자 등의 통계에 따르면 농민당의 지지율이 54%, 블록이 44%였다. 아마 전국적으로도 이 키엘체 지구의 숫자와 큰 차이가 없었을 것으로 추측된다.

최초의 국회 심의는 2월 4일에 열렸다. 대통령에는 무당파의 볼레스와프 비에루트가 선출되었다(그는 실제로 노동자당 당원이었다). 수상에는 사회당의 유제프 치란키에비치가 임명되었고 각료 포스트에는 노동자당 쪽이 사회당보다 적었으나 중요한 장관(국방·공안·외무·산업) 자리는 노동자당이 차지했다. 미코와이치크는 의원이 되었으나 신변의 위험을 느껴 1947년 10월에 망명하였다.

2월 19일 국회는 "공화국 최고 권력의 체제와 권한에 관한 법"(이른바 '소헌법')을 가결하였다. 이로써 그때까지 없었던 국가평의회가 국회 체제로 들어갔다.

폴란드통일노동자당의 성립

1946년 11월에 스탈린은 폴란드노동자당과 폴란드사회당 간부들을 소치(흑해에 면한 소련 영내의 휴양지)로 초대하였는데 그때는 아직 사회당의 존재 의의를 인정하고 있었다. 이를 받아들여 다음 해 1947년 12월 14일 제27회 당대회에서 치란키에비치는 노동자당과의 통일전선 원칙을 선언하였으나 "폴란드사회당은 폴란드 국민들에게 필요하며, 또 앞으로도 필요할 것이다"라고 발언하였다.

한편 노동자당 내에서는 고무우카가 고립되기 시작하였다, 그는 폴란드의 일은 폴란드에서 대처해야 하고, 바르샤바는 모스크바의 충실한 이행자가 아니어도 된다는 입장을 보이고 있었다. 스탈린은 1948년 여름 무렵 고무우카가 아닌 비에루트 지지를 굳히고 있다.

1948년 8월 31일부터 9월 3일까지 폴란드노동자당 중앙위원회 초회가 열려 '무당파'의 비에루트가 출석하여 고무우카를 다음과 같이 비판하였다.

"동지 비에스와프(고무우카의 지하활동 암호명)의 사고방식에는 극복되지 않은 민족적 편향성과 민족적 한계성이 드리워져 있다. 이들 편향성과 한계성은 그의 정치적 시야를 좁게 하여 현 시점에서의 제 국민의 동향과 국제주의와의 밀접한 관련성을 오인하게 한 결과, 그는 오류를 범하였다. 실제로는 매우 유해한 정치적 결과를 초래하고 있다." 고무우카는 노동자당 서기장을 해임당하고 비에루트가 후임 서기장이 되었다.

1948년 12월 15일 바르샤바공과대학에서 노동자당과 사회당의 합동 대회가 열려 '폴란드통일노동자당'이라는 당명을 채택하였다. 여기에는 사회당의 전통을 배제하려는 목적이 있었고 고무우카는 중앙위원으로 선출되었다. 스탈린은 그 이전에 고무우카를 모스크바로 불러 정치국원에 머무르라는 설득을 시도한 바 있다. 고무우카가 그 요구를 받아들이지 않은 것은 그의 긍지를 보여주는 대목이었다.

스탈린주의

1949년 11월 6일 소련주둔군사령관 콘스탄틴 로코솝스키 원수가 폴란드 국방상에 임명되었다. 소련의 폴란드 직접 지배가 시작된 것이다. 1956년까지 1만 7천 명의 소련 장교가 임용되었다.

같은 달 11일부터 13일까지 폴란드통일노동자당 제3회 중앙위원회 총회가 열려 중앙위원회로부터 고무우카의 추방이 결정되고 당 활동이 금지되었다. 우익 및 민주주의적 편향 분자의 숙청의 일환이었다. 고무우카는 체포되었으나 처형은 면하였다.

1952년 7월 22일 신헌법이 공포되었다. 사전에 스탈린이 정밀히 검토하여 50곳 정도를 정정하여 대통령제가 폐지되고 국가평의회의장직이 설치되었다. 국가평의회의장에는 통일노동자당의 알렉산데르 자바츠키가, 수상에는 비에루트가 임명되었다. 국명은 '폴란드인민공화국'으로 했는데 인민공화국은 '소련 체제'와 거의 동의어였다. 같은 해 10월 26일 전후 두 번째 선거가 실시되었으나 유권자의 표는 아무런 의미가 없도록 설계되었다. 입후보자와 당선자의 수가 동수로 되어 있었던 것이다. 1956년까지 국회는 거의 열리지 않아 입법기관으로서 기능할 수 없었다.

사회주의리얼리즘은 1930년대 소련에서 탄생하였다. 폴란드에서는 제2차 대전 후에 이 조류가 나타났다. 화가, 조각가, 작가 들의 창작 모티브가 된 것은 노동자·농민이었고 예술가들은 노동에 종사하는 그들의 모습을 그렸다.

1951년부터는 학교에서 러시아어가 필수과목이 되었고 서방측의 문화는 영화든 문학이든 큰 폭으로 제한을 받았다. 학문의 세계에서도 날조와 왜곡은 일상사가 되었다.

폴란드의 역사가 안제이 칼리키는 폴란드의 스탈린주의에 대해 다음과 같이 말하고 있는데, 경청할 만하다고 생각한다.

폴란드의 스탈린주의는 사회를 위협하는 억압 기관에 바로 그 기초를 두고 있었다고 단언하는 것은 사실과 다르다. 스탈린주의는 지적 엘리트, 문화인, 예술가의 상당 부분의 지지를 받았다. 또 배우고 일하는 다수의 젊은이들도 지지하고 있었던 것이다. 일부의 노동자들도 마찬가지이다. 여하튼 사회주의 체제는 실제로 그들에게 사회적 상승과 생활 조건의 개선을 가져다주었다. 실업의 악몽은 사라지고 학교는 모든 사람이 갈 수 있는 곳이 되었고 정상적인 주거를 얻을 수 있는 미래도 멀지 않았다(…). 메이데이의 행진이나 집회와 데모를 하는 모습을 찍은 옛 뉴스영화에 보이는 사람들의 열광적인 모습은 상사의 명령을 달성하려고 한 사진사가 의도적으로 조작한 결과만은 아니다. 어떤 의미에서 이들 영화는 진짜이다. 전체주의 체제는 억압 기관만으로는 기능할 수 없다. (…) 오늘날 지지의 범위가 어느 정도였는지 특정할 수는 없다. (…) 국민투표나 선거의 실제의 결과로 보면 지지율은 20~25%에 달하고 있었다고 추측된다.

1955년 5월 알바니아, 불가리아, 체코슬로바키아, 동독, 폴란드, 루마니아, 헝가리, 소련 등 수상 회의가 루마니아에서 열려 '우호·협력·상호원조에 관한 기구'(통칭은 바르샤바조약기구)가 창설되었다. 1949년 4월에 성립한 북대서양조약기구(나토)에 대항하는 군사블록이다. 소련을 중심으로 하는 경제블록으로서는 1949년 1월에 '경제상호원조회의'(코메콘COMEON)이 발족하였다.

10월의 봄

1953년 3월 5일 스탈린이 사망하였으나 폴란드에 특별한 영향은 없었다. 그러나 1956년 2월의 소련공산당 제20회 대회는 폴란드를 비롯하여 사회주의국가들에 막대한 영향을 끼쳤다. 대회 마지막 날인 2월 21일 당 제1서기 니키타 흐루쇼프가 스탈린 비판을 시작하였던 것이다. 직접적인 원인은 알 수 없으나 회장에 있던 비에루트는 3월 12일 모스크바에서 객사하였다.

당시 폴란드통일노동자당 내에는 두 개의 당파가 있었는데 하나는 보수파인 나트린파로 바르샤바 교외의 나트린에 있는 정부 공관을 사용하고 있어 붙여진 이름이었다. 나트린파는 민족주의적·반유대적 언설을 쓰고 있었다. 이에 대해 프와비파는 급진적 이데올로기를 가진 그룹이었다. 명칭의 유래는 다수의 멤버가 살고 있던 바르샤바의 지역명에서 유래하여 당내 지식인의 요구를 수용하려는 자세를 취하고 있었다.

1956년 6월 포즈난에서 노동자 폭동이 일어났다. 포즈난시 최대 공장인 히포리트 체겔스키 공장에서 처우 개선을 요구하는 스트라이크가 발생한 것이 원인이었다. 당국이 군대를 투입하였기 때문에 피해는 더 커졌다. 사망자는 적어도 74명, 부상자는 수백 명에 이르렀다. 포즈난에서는 마침 국제 견본 시장이 열리고 있었기 때문에 그곳에 와 있던 많은 외국인 저널리스트들을 통해 전 세계로 보도되었다. 포즈난 폭동 후 2개의 파벌 모두 고무우카와 회담을 계속하여 9월경부터 그의 당 지도부 복귀 대망론이 커졌다. 이리하여 10월에 열린 통일노동자당 제8회 중앙위원회 총회에서 새 지도부(나트린파는 전무)가 선출되어 고무우카가 제1서기에 취임하였다. 이 결정은 모스크바와의 사전 협의를 거치지 않아 흐루쇼프는 폴란드 주둔 소련군에게 바르샤바로의 진군을 명령하였다. 동시에 흐루쇼프 스스로 바르샤바를 방문할 결심을 하고 출발 전에 체코슬로바키아·동독·중국에 대해 폴란드에 군사개입할 의향을 전달하였다. 10월 19일 흐루쇼프를 태운 비행기가 바르샤바에 도착하였다. 체재 중에 체코슬로바키아와 동독으로부터는 소련의 의향에 찬동한다는 대답을 받았으나 중국은 반대 의사를 전해왔다. 당시 중·소는 긴장 관계에 들어간 상태였고 흐루쇼프는 마오쩌둥을 무시할 수 없어 군사개입은 포기하였다. 고무우카는 폴란드에서 소련이 갖는 의미는 소련에서 폴란드가 갖는 의미보다 크다고 말하며 격노하는 흐루쇼프를 설득하였다. 흐루쇼프는 10월 20일 아침 모스크바로 돌아갔다.

10월 24일 수십만 바르샤바 시민을 상대로 한 집회에서 고무우카는 다음과 같이 연설을 끝맺었다. "오늘 바르샤바 및 전국의 노동 시민에게 호소합니다. 집회와 시위 운동은 충분하니 노동자계급 및 국민과 한 몸인 당이 폴란드를 새로운 길을 통해 사회주의로 이끌 것임을 다시 한 번 자각하며, 일상으로 돌아갈 때가 왔습니다."

고무우카는 흐루쇼프의 믿음을 얻음과 동시에 폴란드 국민으로부터도 절대적인 신뢰를 쟁취하였다. 폴란드 전역이 이상한 열기에 휩싸였던 이때를 '10월의 봄'이라 부르는 까닭이다.

3월 사건

1956년 10월의 정권 복귀 이후 한동안 고무우카의 정치는 소강상태를 유지하며 큰 탈 없이 이어지고 있었다.

1960년대로 접어들면서 상황이 바뀌기 시작하였다. 공안 당국에서는 메치스와프 모찰이 '파르티잔파'를 결성하여 영향력을 강화시키고 있어 고무우카에게 위협이 되었다.

1967년 11월 바르샤바국립극장에서 미츠키에비치 원작의 〈조상의 제사〉가 상연되었다. 당국은 이 작품이 반소(반소련)적이라 하여 1968년 1월 16일에 이 연극이 1월 30일을 기하여 종료한다고 발표하였다. 마지막 날 공연이 끝난 후 일부 학생들이 극장 근처에 있는 미츠키에비치 동상에 꽃다발을 바치다가 경찰과 시비 끝에 35명이 체포되는 사건으로 발전하였다. 이 모습을 바르샤바대학의 학생 아담 미프닉과 헨리크 슈라이펠이 프랑스 특파원에게 전하자 둘은 퇴학 처분을 당했다. 파르티잔파는 학생운동을 선동하고 반유대 캠페인을 전개하였다. 3월 사건 후 반유대주의가 만연하였고 사건 후 유대계 시민 약 15,000명이 폴란드를 떠났다.

1968년 6월 6일 자 검찰의 보고에 의하면 3월 사건으로 체포된 사람이 2,700명 이상에 이른다. 다수의 교원들이 대학 강단에서 쫓겨났고, 체포된 사람 가운데에는 바르샤바대학 조수인 야첵 크론과 카를 모제레프스키도 있었다. 둘은 「당에 보내는 공개서한」을 써서 1965년에 징역형의 판결을 받고 있었다(크론 3년형, 모제레프스키 3년6월형. 크론은 1967년 5월에, 모제레프스키는 같은 해 8월에 가석방). 한편 파르티잔파의 모찰은 3월 사건 후 당중앙위원회 정치국

후보 겸 서기로 '승진'하였다. 그러나 이는 고무우카가 획책한 '좌천'이었다. 모찰은 이렇게 공안 기관에서 축출당했던 것이다.

3월 사건은 학생과 지식인들이 주체가 되어 일어난 운동이었다. 노동자들은 이 운동에 합류하지 않았다. 1970년의 12월 사건에서는 이와 정반대의 상황이 전개되었다.

12월 사건

고무우카의 외교 면에서 이룬 공적은 이론의 여지가 없다. 1950년 7월 동독과는 오데르-나이세라인을 국경으로 정하였지만(즈고제레츠 조약), 서독과의 교섭은 진척되지 않고 있다가 1970년 2월 7일 드디어 '서독·폴란드 국교정상화조약'으로 결실을 맺게 되었다.

이 외교적 성과의 여세를 몰아 같은 해 12월 12일 토요일 저녁, 가격 개정을 발표하였다. 토요일 발표에는 스트라이크가 바로 일어나지 않게 하려는 정부의 의도가 숨어 있었다. 폴란드의 경제는 2년 전부터 위기적 상황에 직면하여 때때로 '경제 조작'이 실시되고 있었다. 이번의 가격 인상은 식육과 그 가공품(평균 17.6%), 보리(31%), 파스타류(15%), 생선 및 가공품(11.7%), 밀가루(16.6%), 잼(36.2%) 등이 대상이었다. 한편 텔레비전, 냉장고, 세탁기 등은 가격이 인하되었다. 저소득자일수록 타격이 큰 가격 개정이었다. 때마침 크리스마스 전이라 소비가 늘어날 시기였다.

주초인 14일 월요일부터 저항 행동이 시작되었다. 그단스크의 조선소가 먼저 스트라이크에 돌입하여 다음 날에는 그 옆의 소포트 및 그다니아(모두 그단스크의 근교 도시)로, 이어 슈체친 등지로도 확대되었다. 노동자들은 거리로 나와 당 지구 본부에 불을 지르거나 상점을 약탈하는 등 폭도화하였다. 경찰과의 충돌로 희생자도 나와 그단스크에서 9명, 그디니아에서 18명, 슈체친에서 16명, 엘블롱크에서 1명의 사망자가 나왔다. 고무우카는 퇴진할수밖에 없게 되었고 12월 20일 에드바르트 기에레크가 당 제1서기로 취임하였다.

기에레크 정권하에서

1971년 1월 8일 정부는 향후 2년 간 식육, 우유 및 유제품, 설탕, 밀가루, 파스타류의 가격 동결을 결정하였다. 기에레크는 그단스크나 슈체친을 직접 찾아가 노동자와 직접 담판에 응하였다. 같은 달 25일 그단스크 회합에서 기에레크는 사람들에게 "어떻습니까, 여러분! 도와주실 겁니까?"라고 묻고, "돕고말고"라는 대답을 얻어냈다. 기에레크의 교섭술은 고무우카에게는 없는 것이었다. 노동자는 학생이나 지식인과 달리 사회주의에 아직 기대를 걸고 있었다.

기에레크가 본격적인 경제개혁에 착수한 것은 아니었다. 물류를 원활하게 하고 사람들의 생활수준을 향상시킨 것은 사실이나 그것은 외자 도입, 즉 빚으로 메운 것으로 1970년대 전반에는 소련 블록의 모든 나라들이 외자에 의존하였다. 대서방측 채무는 20억 달러에서 450억 달러로까지 증가하였고 폴란드의 채무가 그 4분의 1을 차지하였다. 외자에 의존한 경제는 언젠가 파탄 날 운명이었다. 그 위기는 벌써 1973년에 나타났는데, 식육의 부족은 다음 해부터 일상화되었다.

1976년 6월 24일 수상인 표트르 야로셰비치가 상품의 가격 인상을 발표하였다. 기에레크가 발표하지 않은 것은 자신의 이름과 물가 인상이 결합되는 것을 우려한 때문이었다. 상승률은 식육이 평균 69%, 설탕 100% 등으로, 6월 25일 라돔 울스스(바르샤바 근교의 작은 동네), 푸츠크에서 노동자들이 항의 행동에 나섰다(6월 사건). 다음 날 정부는 인상 계획을 철회한다고 공식 발표하였다. 이는 노동자들이 정부에 대해 자신감을 갖게 된 결과가 되었다.

6월 사건 이후 이 사건에 관련하여 탄압을 받은 사람들을 지원하려는 조직이 만들어졌다. KOR(노동자옹호위원회)이다. 발기인으로는 작가 예지 안제예프스키 외 13명이 이름을 올렸고 다양한 사람들이 참가하여 큰 성과를 내었다. 1977년 9월에는 KSS(사회자위위원회) KOR로 개칭하였다.

폴란드 출신의 로마교황

1978년 10월 16일 크라쿠프 대주교인 카롤 보이티와가 로마교황으로 선출되었다. 이탈리아인 이외의 추기

제264대 로마교황으로 선출된 요한 바오로 2세(중앙)

경 중에서는 실로 455년 만의 일이었다. 보이티와는 요한 바오로 2세로서 26년간 교황 직을 수행하였다(2005년 4월 2일 소천).

요한 바오로 2세의 첫 귀향은 1979년 6월에 실현되었다. 정부는 교회의 영향력이 커질 것을 우려하여 당초 귀향에 난색을 보였으나 결국은 양보하여 방문이 실현되었다. 요한 바오로 2세는 교황 재임 중에 종종 정부에 항거하는 시민들을 지지하였다. 첫 조국 순례에서도 엿볼 수 있는데, 6월 2일 바르샤바 승리광장(현 피우수트스키 광장)에서 열린 설교에서 그다음 날이 펜테코스테(성령강림) 주일임을 언급하며.

당신의 성령이 강림함을

당신의 성령이 강림함을

그리고 이 땅의 본질이 바뀔 것을

이 땅의!

아멘

마지막 '이 땅의'라는 단어에 정부에 대한 비판을 담고 있다.

칼럼 – 잊히지 않는 전쟁 기억

직접 전쟁을 하지는 않았으나 태평양전쟁 돌입 후 일본과 폴란드의 외교 관계는 단절되어 있었다(1941년 12월 11일, 폴란드는 일본에 선전포고). 전후 소련 블록으로 편입된 폴란드가 소련에 앞서 일본과 외교 관계를 재개하는 것은 생각할 수 없었다. 패전 후 10년 이상의 세월을 거쳐 드디어 1956년 일본과 소련 사이에 국교가 회복되자 일본·폴란드 사이에도 외교 관계가 회복될 분위기가 고조되었다. 양국은 이듬해 1957년 5월 18일에 국교를 재개하였다. 이 직후 갑자기 몇 개의 폴란드파(1920년대 출생의 폴란드 영화감독 등으로 구성된 그룹) 영화가 수입 공개되어 일대 붐이 일어났다. 〈파사제르카〉는 당시 공개된 작품 중 하나이다.

작품의 줄거리는 다음과 같다. 대서양을 항행하는 호화 여객선 안에서 예전에 아우슈비츠 비르케나우에서 간수를 했던 리자(알렌산드라 실롱스카)는 자신이 감시했던 마르타(안나 체벤레프스카)로 생각되는 여성을 목격한다. 이리하여 한 번 봉인한 과거의 기억이 리자 안에서 되살아난다. 리자는 남편 발터(얀 그레추말)에게 고백한다. 리자는 여러모로 마르타에게 잘해주었지만 마르타는 고마워하지 않았다. 그러던 어느 날, 마르타는 '죽음의 블록'으로 연행되었고 일개 간수에 불과한 리자가 마르타를 구하는 것은 불가능했다라고. 다음으로 리자의 고백이 시작되는데 그 내용은 남편 발터에게 고백한 것과는 다른 것이었다. 리자는 마르타에게 질투하여 그녀를 정복하고 지배하려는 마음이 컸다. 한 번은 굴복한 듯이 보이는 마르타이지만 사실은 그렇지 않았다. 드디어 리자가 마르타에게 징벌을 가할 때가 왔다. 리자의 행동은 전시하의 특수한 공간에서 피할 수 없는 것이었을까? 선상의 두 여성이 앞으로 재회하는 일은 없겠지만 아우슈비츠의 기억이 사라지지는 않으리라.

감독 안제이 뭉크는 〈파사제르카〉를 제작하던 1961년 9월에 자동차 사고로 불의의 죽음을 맞아 작품은 미완인 채 끝날 뻔하였으나 남겨진 영상 기록에 스틸 사진을 더하여 친구이자 영화감독 비톨트 레시에비치의 협력으로 2년 후 드디어 완성되었다.

'파사제르카'란 영어 passenger(승객)의 폴란드어 접미사 ka로부터 유추해낼 수 있듯 여성 단수 승객임을 알 수 있다. 뭉크는 〈파사제르카〉 촬영 중 인터뷰에서 "나의 영화에는 처형 장면이 나오지 않는다. 아우슈비츠에서의 갈등을 심리적 측면에서 그리려 한다, 영화의 주된 목적은 나는 '명령에 따랐을 뿐'이어서 죄가 없다고 생각하고 있는 여성(리자)을 그려내는 것이다"라고 말했다. 실제로 이 작품은 심리극이라 할 정도로 잔학한 장면을 전면에 내세우는 게 목적은 아니다.

〈파사제르카〉는 전체가 폴란드어로 되어 있지만 현재 이 작품이 리메이크된다면 전직 간수 리자의 대사는 당연히 독일어로 해야 할 것이다.

제 8 장

민주화운동과 동구 개혁
―자주관리노조 '연대'와 바웬사

'연대'의 탄생

1980년 7월 1일 정부가 돌연 식육의 가격 인상을 실시하였다. 이에 대해 전국에서 항의 스트라이크가 발생하였다. 인상액에 대한 공식 발표는 없었고 평균 60% 또는 2배 정도라고 알려졌다. 177개의 기업이 문을 닫고 약 8만 건의 스트라이크가 일어날 정도로 확대되었다.

그단스크의 레닌조선소에서는 레흐 바웬사(폴란드어로는 바웽사)의 지휘하에 8월 14일 스트라이크에 돌입하였다. 8월 16일 그단스크는 총파업 상태가 되었고 같은 날 '공장 간 스트라이크위원회'(자주관리노조 '연대'의 전신)가 결성되었다(위원장 바웬사). 스트라이크위원회는 21항목의 정치적·경제적 요구를 발표하였다.

스트라이크는 발트해 연안의 세 도시(그디니아, 소포트, 그단스크)를 중심으로 전개되었고 이후 폴란드 전역으로 파급되었다. 정부는 양보할 수밖에 없었는데, 8월 30일 카지미에시 팔치코프스키 부수상 등 정부 대표단이 슈체친에서, 다음 날인 31일에는 메치스와프 야겔스키 부수상이 그단스크에서 스트라이크위원회와의 합의 문서에 서명하였다. 바웬사는 자서전에서 이때 일을 다음과 같이 회고하고 있다.

야겔스키를 도저히 신용할 수 없었다. 단, 같은 논법으로 말하면 모든 협정이 한 장의 종잇장에 지나지 않는 것이다. 우리는 숙고를 거듭하였고 전문가들은 다음과 같은 결론을 내렸다. 여하튼 이 포커게임에 전폭적인 신뢰를 갖는 것은

'연대'의 전신인 '공장 간 파업위원회'의 바웬사 위원장
왼쪽은 야겔스키 부수상

위험하다. 오늘 서명된 협정이 내일도 여전히 효력이 있을 거라고 누가 알겠는가. 우선 현재 협정이 성립한다면 나중 일은 최선을 다할 뿐이다—이것이 우리가 도달한 결론이었다.

9월 1일에는 스트센베 광산에서 대화를 갖고 9월 3일에 합의 문서에 조인하였다. 이리하여 노동자 측은 자주관리노조의 결성을 포함한 광범위한 권리를 획득하였다.

이러한 일련의 흐름의 결과로서 9월 17일 독립자주노동조합 '연대'가 탄생하였다.

계엄령 선포

1980년 9월 5일, 6일의 제6회 중앙위원회 총회에서 폴란드통일노동자당은 기에레크 제1서기의 해임을 결정하고 새로이 스타니스와프 카니아를 후임으로 선출하였다. 신정부는 끊임없이 '연대'에 압력을 가했으나(예를 들면 '연대'의 합법화에 간섭), 이것이 거꾸로 '연대'의 결속을 강화시켜 전국적인 반정부 조직으로 이끈 결과를 가져왔다. 소련의 군사개입 가능성도 높아져(1980년 12월에 국경을 따라 소련군이 배치되었고 1981년 3월에는 폴란드 영내에서 바르샤바조약 회원국들의 합동군사훈련이 실시되었다) '연대' 운동은 자숙할 수밖에 없게 되었다.

당은 '연대'에 대해 때로는 타협하고 때로는 제한을 강화하기도 하였으나 기본선에서는 양보하지 않았다. 1981년 3월 19일의 비드고슈치 사건(경찰에 의해 비드고슈치현 의회 건물에서 '연대' 대표단이 배제된 사건)에서 정부는 강경한 태도를 보였다. 같은 해 2월 11일에 보이치에흐 야루젤스키가 수상이 되었는데(국방상도 겸임) 이 배경에는 소련의 압력이 있었다. 야루젤스키는 제9회 당 대회(1981년 7월 14일~20일)에서 차기 당 제1서기로 선출되었다.

계엄령을 선포하는 야루젤스키

'연대'의 급진파는 더욱 과격한 요구를 내거는 한편 사회는 피폐해지고 불안감이 커지고 있었다. 1981년 9월 5일~10일 및 9월 26일~10월 7일에 있는 '연대' 총회에서는 '자기 관리하는 폴란드'라는 조합의 프로그램이 채택되었고 조합지도부를 선출하였다. 이런 가운데 소련의 군사개입의 가능성은 더욱 커져갔다.

1981년 2월 13일에 이미 야루젤스키는 폴란드 전토에 계엄령을 포고하였다. 군이 정권을 잡고 헌법을 정지시켰다. 거리에 전차와 장갑차가 나타났고 야간통행금지령이 내려져 엄격한 검열과 도청이 행해졌다. 당시 재바르샤바 일본대사관의 1등 서기관 나카노 겐코中野賢行는 혼란스러운 대사관의 모습을 이렇게 묘사했다(『격동하는 폴란드 계엄령하의 바르샤바 1년 7개월의 실록』)

대사관에 도착하니 대사 이하 여러 명의 선발조가 이미 모여 있었다. "무슨 일이 있었습니까?"라고 물으니, "예, 그런데 그게 뭐가 일어났는지 모르겠다는 겁니다"라는 대답. 차석 참사관이 정보 수집에 분주하다는 얘기였고 모두들 전화가 불통인 것도 알게 되었다. 정오 무렵까지 일본인회 회장, 상공회 회장, 일본인 학교장, 유학생 대표가 다 모였다. 역시 이상을 눈치 채고 모인 것이다. (…) 본국의 외무성에는 일단 재류민의 사고는 없고 모두 무사하다는 제1보를 간단히 정리하였다. 이날 회합에서 할 수 있는 것은 이 정도뿐이었다. '전시체제가 시작되었다'는 것은 알았지만 그 구체적 내용에 대해서는 모두 짐작도 못했던 것이다.

야루젤스키의 회고록에 의하면 당시 벨라루스 주둔 사단장 빅토르 두비닌에게는 12월 14일에도 폴란드로 들어가도록 대기명령이 내려져 있었다. 만약 이것이 사실이라면 폴란드는 야루젤스키가 절묘한 타이밍에 계엄을 내려 유혈의 참사를 막았다는 것이 된다. 그의 말을 빌리면 '보다 작은 악', 즉 나라를 구하기 위한 불가피한 조치였다는 말이기도 하다.

'연대'는 비합법 조직이 되었고, 간부 및 지지했던 다수의 지식인들이 체포되었다. 스트라이크는 경찰과 군에 의해 진압되었다. 카토비체(폴란드 남부의 도시)의 부예크 탄광에서는 9명의 광부가 사망하였다. 계엄령의 도입에도 불구하고 대중의 저항운동은 소멸하지는 않았으나 그 세력은 확실히 약화되었다. '연대'는 삐라를 작성하거나 책자를 배포하는 등 지하활동을 계속하였다. 1983년 바웬사가 노벨평화상을 받았고, '연대'는 정신면에서는 승리하였다. 계엄령은 1983년 7월 22일에 드디어 해제되었다.

원탁회의 개최

정부가 선전한 '정상화'는 말뿐으로 경제개혁은 성과를 내지 못했다. 경제는 악화 일로로 치달아 사회불안은 중대하였다. 이와 병행하여 반대 세력은 대중의 지지를 얻어 정부는 선례에 따라 단계적으로 자유화를 추진하지 않을 수 없게 되었다.

1985년에 미하일 고르바초프가 소련공산당 서기장에 취임한 것은 폴란드통일노동자당의 정책이나 운영에 막대한 영향을 끼쳤다. 다음 해 1986년 9월 모든 '연대' 간부들이 석방되었다.

1986~87년경의 폴란드의 국내 경제는 여전히 비참한 상태에 있었으나 정부는 경제가 '제2단계'에 들어섰다고 선전하였다. 제1단계가 무엇을 의미하는지는 명확지 않으나 일반적으로 물가 인하를 도모하고 있는 것으로 인식되고 있었다. 정부는 대중의 지지는 필요하다고 생각했지만 '연대' 활동의 재개는 용인하고 싶지 않았다. 그래서 생각해낸 것이 국민투표의 실시였다. 투표는 다음 두 가지를 안건에 부쳐 1987년 11월 29일에 실시하기로 하였다.

1. 2~3년간의 급속한 변혁기에 어려움은 따르겠지만 국회에 제출된 생활 조건의 확실한 개선을 의도한 경제 건전화의 조속한 프로그램이 완전히 실시되는 것에

찬성하는가.

2. 자치의 강화, 공민권의 확대, 시민의 국정 참가의 증
   대를 지향하는 폴란드형 정치 활동의 대폭적인 민주
   화에 찬성하는가.

유권자의 과반수의 찬성을 얻은 경우에만 국민투표로
지지를 받은 것으로 하기로 정해졌다. 바웬사는 투표 보
이콧을 호소하였으나 유권자의 67.3%가 투표하였다. 제
1항목의 찬성은 투표자의 66%, 제2항목은 약 46%의 결
과가 나왔고 국민투표에서 패배하면서 정부는 반체제 측
과 타협하지 않을 수 없게 되었다.

1986년 4, 5월 인플레이션으로 인한 생활고로 비드고
슈치, 노바후타(크라쿠프 근교 도시), 스타로바볼라, 그단스
크에서 스트라이크가 발생하였다. 스트라이크는 일단
진정된 뒤 이번에는 8월 실롱스크 지방을 중심으로 하는
광산지대에서 발생하여 정부는 타협안을 모색하게 되었
다. 체스와프 키슈차크 내무장관은 8월 27일 원탁회의의
개최를 제창하였다. 연내에 열기로 하였으나 출석자를
둘러싸고 정부와 '연대' 사이에 타협이 원만히 이루어지
지 않았다. 예비교섭, 예비회담을 거쳐 1989년 2월 6일

드디어 원탁회의가 개최되었다. 비합법 조직이었던 '연대'의 바웬사 위원장, 반체제파 지식인인 브로니스와프 게레메크(역사학자), 야세크 클론(사회활동가), 타데우시 마조비에츠키(사회활동가), 토마슈 스트셴보슈(역사학자)도 참가자로 포함되었다.

3월 9일 정치 개혁에 관한 작업부회가 열려 대통령제의 도입, 상원의 신설 등에 합의를 보였다. 상원의원은 완전한 자유선거로 선출되나 하원에서는 야당 세력에 대해 35%의 의석을 부여한다는 조건이 붙었다. 또 대통령은 상하 양원에서 선출되며 대통령은 수상 지명, 상하 양원의 해산권 등 강력한 권한을 갖게 되었다.

원탁회의는 이상과 같은 결정을 포함하여 사회주의국가로서는 획기적인 개혁안을 채택하고 4월 5일에 폐회하였다.

'연대' 내각의 탄생과 문제점

원탁회의 폐회로부터 불과 2개월 후인 6월 4일과 18일, 양일에 총선거가 실시되었다. 4월에 다시 합법단체가 된 지 얼마 안 된 '연대'는 상원 100석 중 99석(남은 1석은 실업가인 헨리크 스토크워사로 통일노동자당 당원이 아니었다)을, 또 하원에서는 야당 몫 16의석 모두를 획득하였다. 폴란드 국민은 '연대'계 후보자에 투표함으로써 당 체제에 대해 명확히 반대 의견을 표하였던 것이다.

새로운 국회에서 최초의 큰 과제는 대통령 선출이었다. 출마를 둘러싸고 분란이 있었으나 결국 야루젤스키 당 1서기만이 입후보하였다. 7월 19일에 행해진 상하 양원 투표에서 찬성 270표, 반대 233표, 기권 34표, 무효 7표로 당선에 필요한 과반수에 가까스로 달한 박빙의 승부였다. 통일노동자당은 이제 야당의 존재를 무시할 수 없는 지점까지 온 것이었다.

다음 과제는 수상의 지명으로 8월 2일 키슈차크는 수상에 선출되었으나 내각 구성에 실패하여 14일 사퇴하였다. 그 후 바웬사의 공작으로 8월 24일 마조비에츠키가 수상에 지명되었다. 이리하여 폴란드는 유혈참극을 겪지 않고 '연대'가 공산주의 정부로부터 권력을 탈취하게 되었다.

통일노동자당이 이전과 같은 세력을 잃은 것은 당연한 일이었다. 1990년 1월 27~29일까지 마지막 당 대회가 개최되었다. 이 대회에서 통일노동자당은 해산하고 이데올로기의 대립으로 복수의 정당이 생겨났다.

공교롭게도 '연대' 또한 분열의 운명이 닥쳤는지 바웬사와 마조비에츠키는 '연대'운동 시작부터 협력해온 동료였으나 점차 내부 분열로 들어갔다. 개혁의 진행 방향을 둘러싸고 둘의 의견 차이가 심해졌다. 마조비에츠키의 개혁은 대체로 다음과 같은 것이었다. 1989년 10월 13일에 레셰크 바르체로비치 경제장관은 시장경제의 완전 도입, 인플레이션 억제 등을 넣은 경제 재건 계획을 발표하였다. 거기에는 보조금의 폐지, 기업의 합리화도 들어 있어 실업의 발생이나 내핍 생활이 예상되었다(나중에 현실로 되었다). 국민들은 그때까지는 자신들의 빈곤의 원인을 사회주의로 돌리고 걸핏하면 자본주의를 찬미하는 일이 적지 않았으나 실제로 그것이 장밋빛 일색이 아님을 몸소 배우게 된 것이다.

1990년 1월 1일부터 바르체로비치 계획이 실시되었다. 물가는 일시적으로 급상승하였으나 공약대로 그때까지 만성화되어 있던 인플레이션이 3월이 되면서 멈추고, 사회주의권에 늘 있는 생필품을 사려는 행렬도 사라졌다.

이러한 '충격요법'의 영향을 제대로 받은 것은 보조금에 의존하던 경제적 약자들이었다. 상대적으로는 국민의 생활수준은 현저하게 떨어졌다. 마조비에츠키 정권이 추진한 경제개혁이 궤도에 오르고 효과가 나타날 때까지는 국민들은 한동안 인내할 수밖에 없었다.

　이에 바웬사는 불만을 제기하며 조속한 경제적 성과를 요구하였으나 마조비에츠키는 지금이 가장 중요한 때이며 초조해하면 지금까지의 노력이 물거품이 되어버릴 것이라고 설명하였다.

　그러나 이러한 차이도 있으나 가장 본질적인 것은 구통일노동자당 당원들에 대한 처우 문제였다. 바웬사는 이 간부들을 공직에서 추방해야 한다고 주장하였고 마조비에츠키는 이 점에서 관대하였다.

바웬사, 대통령으로

　바웬사와 마조비에츠키의 대립을 격화시킨 것은 대통령 후임을 둘러싼 문제였다. 야루젤스키 대통령에 대한 국민의 불만은 1989년 12월 13일에, 8년 전에 그가 계엄령을 선포한 것에 대해 바르샤바 외 여러 도시에서 대통령의 사임을 요구하는 폭동의 발생으로도 잘 엿볼 수 있다. 이런 가운데 1990년 4월에 바웬사는 대통령 선거에 입후보를 표명하였는데 이는 문제가 있는 행동이었다. 당시 야루젤스키는 5년 이상의 임기를 남겨두고 있어 바웬사의 선언은 현직 대통령에 대한 사임 요구에 가까운 것이었기 때문이다.

마조비에츠키와 가까운 의원은 바웬사의 선언이 대통령직에 대한 사욕의 표현이라고 비난하였다. 6월 24일에 열린 '연대'의 선거 모체인 '시민위원회' 총회에서 반바웬사의 유력 간부 63명이 탈회를 선언하였다. 이렇게 '연대'는 사실상 분열에 이르렀고 7월 16일 마조비에츠키 측은 '시민운동 민주행동'이라는 새로운 정치조직을 결성하였다.

이같이 험악한 상황에서 9월 18일 유제프 그렘프 추기경이 중재에 나서 야루젤스키, 바웬사, 마조비에츠키 간에 회담의 장이 열렸으나 어떠한 해결책도 내지 못했다. 그런데 그날 밤 야루젤스키는 자신의 임기 단축을 국회에 요청할 것임을 밝혔다. 사실상의 사의 표명이었다. 9월 20일 소집된 국회에서 이것이 받아들여져 9월 27일에 대통령 선거 실시 요강이 발표되었다. 대통령 입후보를 위해서는 10만 명 이상의 서명이 필요하고, 선거는 국민의 일반투표 형태로 11월 25일에 실시하며, 최다 득표자가 과반수의 표를 얻지 못하면 12월 9일에 상위 2명에 의한 결선투표가 실시된다는 내용이었다.

바웬사, 마조비에츠키, 로만 발트슈체(농민당), 부오지미에시 치모셰비치(구 통일노동자당 계열), 레셰크 모출스키(독립폴란드연맹), 스타니스와프 티민스키(무소속)가 입후보하여 2달여의 선거전에 들어갔다. 마조비에츠키의 출마 배경에는 바웬사의 당선을 저지하려는 목적이 있었다.

당초에는 바웬사와 마조비에츠키의 열전이 예상되었으나 선거전 중반에 형세가 바뀌기 시작하였다. 10월 29일, 30일에 행한 여론조사에서는 바웬사 33%, 마조비에츠키 26%, 발트슈체 7%, 치모셰비치 5%, 모출스키 2%, 미정 15%라는 숫자가 나왔다. 바웬사가 과반을 차지하지 못하는 것이 거의 확실했기 때문에 누가 결선투표에 말을 움직일 것인가로 관심이 옮겨갔다. 2%는 오차범위였으므로 티민스키가 바웬사와 싸우는 경우도 충분히 고려할 수 있는 정세가 되었다.

1990년 대통령 선거 분석

11월 25일 선거는 투표율 60.6%로 저조했다. 제1차 투표는 바웬사 40%, 티민스키 23.1%, 마조비에츠키 18%, 치모셰비치 9.2%, 발트슈체 7.2%라는 결과였다.

바웬사는 전국 49주(1999년부터는 전국 16주) 중 44개 주에서 1위를 차지하였으나 과반수를 획득한 것은 9개 주에 지나지 않았고 4개 주에서는 티민스키에게 1위를 빼앗겼다. 슈체친주에서는 마조비에츠키에 이은 2위였다. 최다 득표를 얻은 노비송치주에서도 62.3%, 최소인 비아주에서는 25.2%였다. 선거 전 80%를 얻을 것이라고 호언하던 그에게 충격적인 결과였다. 바웬사가 대량 득표한 주은 동부, 그것도 그 중앙과 남부에 많았다. 이 지역은 다수의 자작농이 있어 사회적 유대가 강하고 공산주의에 대한 반발이 강하다는 특징이 있었다.

티민스키는 4개 주에서 1위, 33개 주에서 2위, 10개 주에서 3위, 2개 주에서 4위를 차지하였다. 마조비에츠키는 슈체친주에서 1위, 9개 주에서 2위, 21개 주에서 3위, 5개 주에서 4위, 13개 주에서 5위라는 성적을 냈다. 남동부의 자모시치주에서는 5%에 불과한 비참한 결과가 나왔다. 마조비에츠키가 다수 득표한 주는 서쪽 지역에 편

중되어 있고 특히 대도시의 시민들로부터의 지지가 두텁고 경제적으로 여유 있는 점이 특징이다.

선거전에서 바웬사는 열변을 토하며 경제적 약자들의 마음을 붙잡았다. 실현 가능성을 돌아보지 않고 만나는 사람들에게 밝은 미래를 약속하였다. 이에 대해 마조비에츠키는 조용한 말투로 당장의 조금의 인내를 촉구하였지만 국민의 이해를 얻지 못하였다. 대다수의 국민은 '연대' 내부의 분열과 흠집 내기 경쟁에 지쳐 있었다.

이런 상황에서 티민스키의 존재는 신선하게 비쳐졌다. 그에 관해서는 밝혀지지 않은 부분이 너무나도 많다. 정신 질환을 앓고 있었다거나 가정 폭력 성향이 있다거나 공산주의자들과 관련이 있다거나 하는 말들이 많았다. 여하튼 20년 이상이나 폴란드를 떠나 캐나다, 페루에서 성공한 실업가라고 선전하며 "당신들을 부자로 만들어주겠다"는 감언을 뿌리고 다녔다. 이런 인물이 대통령 선거에서 2위로 치고 올라온 것은 사회주의 정권에 이어 '연대'에 실망한 시민들의 소리가 반영된 것으로, 대다수의 국민은 실로 의지할 만한 것을 잃었다는 뜻이다.

치모셰비치가 9% 이상을 획득한 것에도 주목할 필요가 있다. 이는 구 정권 때가 오히려 좋았다고 느끼는 사람들이 적지 않음을 보여주는 사례다.

제2회 투표는 12월 9일에 실시되었는데 마조비에츠키를 찍은 표가 그대로 바웬사 쪽으로 옮겨갔다는 느낌인데, 결과적으로는 바웬사가 74.25%의 표를 획득하여 티민스키에게 압승하였다. 그러나 투표율은 한층 저조해 53.4%로 끝났다.

일련의 변혁을 거쳐

1989년 2월의 폴란드에서의 원탁회의 개최에서 1991년 12월의 소련 붕괴 무렵에 걸쳐 소련 블록에서 일어난 변혁을 가리켜 일본에서는 '동구 혁명'으로 부르는 일이 많다. '혁명'이라는 호칭을 지지하는 의견을 들어보자. 다음은 미나미즈카 신고南塚信吾(헝가리 역사가)의 견해이다 (『동유럽을 아는 사전』 헤이본사平凡社)

1989년에 시작한 다수의 동유럽 국가에서의 구체제의 붕괴를 '혁명'으로 부르는 사람도 '개혁'이라 부르는 사람도 있으나 여기서는 그것을 '혁명'이라 부르겠다. 그것은 정치권력의 교체에 민중 봉기가 있었기 때문이 아니다. 정치권력이 교체된 것이 아니고 민중의 생활에서 보아 결정적인 전환이 일어났기 때문이다.

1989년 12월의 루마니아의 니콜라에 차우셰스쿠 대통령 처형과 같은 충격적인 사건이 있었던 것도 사실이나, 폴란드의 경우 일어난 것은 과거 상태로의 복귀이고 '혁명'이라는 말을 쓰는 것은 적확하지 않아 보인다. 실제로 폴란드에서는 '혁명(rewolucja)이라는 용어를 쓰지 않는다. 1848년의 '제국민의 봄'(유럽에서 혁명이 연쇄적으로 발생한)과 연관시켜 '제국민의 가을'로 말하는 경우가 많다. '동구 혁명'이라는 호칭은 검토해볼 여지가 있어 보인다.

칼럼 – 영화·연극의 거장 안제이 바이다

안제이 바이다 감독이 2016년 10월 9일 폐부전으로 바르샤바에서 서거하였다. 그는 1926년 3월 6일 폴란드 동북부의 수바우키 출생으로 1946년 크라쿠프예술대학에 진학하였으나 1949년에 중퇴하고 우치영화대학에서 감독학을 수학하였다. 1953년 공개된 장편 극영화 〈세대〉로 데뷔하여 평생 35편(텔레비전전용 영화나 옴니버스 작품 제외)의 영화를 찍었고 〈잔상〉(2016)은 유작이 되었다.

일본에서 한때 폴란드 영화가 주목을 받던 시절이 있었는데 바이다 감독은 그 붐을 일으킨 사람이다. 실제로 지금부터 60여 년 전의 영화잡지를 보면 다음과 같은 기술이 보인다. "작년의 〈지하수도〉, 올해의 (…) 〈재와 다이아몬드〉라는 폴란드 영화가 일본에서 조용하게 붐이 일고 있다. (…) 조금이라도 외국 영화에 흥미를 갖고 있는 사람들이 모이면 반드시, 라고 말할 정도로 폴란드 영화 이야기가 나올 정도이다."(「편집실」『키네마신보』, 1959년 9월 상순 호)

〈지하수도〉는 바이다 감독의 두 번째 장편 작품이다 (1958년). 바르샤바 봉기에서 독일군에 쫓기는 국내군 부대가 중앙구의 멤버로 합류하기 위해 하수도를 헤매는 모습을 실감나게 그려냈다. 〈재와 다이아몬드〉는 1958년의 작품으로, 당의 지구 간부 암살을 결행한 마체크 헤우미츠키(즈비그네프 치불스키)가 자신도 불의의 죽음을 맞는 결말로 끝을 맺고 있다.

체제 비판으로도 해석될 수 있는 〈재와 다이아몬드〉는 당시 폴란드의 엄격한 검열을 어떻게 통과할 수 있었을까? 바이다는 만년에 이렇게 말하고 있다. "총을 맞은 주인공은 쓰레기 집하장을 달려가다 쓰러져 마지막엔 쓰레기 산 속에 묻혀 죽어갑니다. 검열관은 어떻게 판단했을까요? 주인공은 반역자로, 동지인 공산당 간부를 죽였기 때문에 쓰레기 더미 속에서 죽는 것은 당연하다는 해석입니다. (…) 영화를 본 사람들은 어떻게 보았을까요? 이 청년을 죽이고 쓰레기 산에서 죽게 만든 체제란 도대체 무엇일까, 라고 생각했던 겁니다. 두 해석은 양쪽이 다 맞고 관객과 검열관이 다른 시각으로 영화를 보고 있는 거죠."(2000년 방송된 NHK위성 제1, '21세기 증언 안제이 바이다'). 즉 감독은 활자(각본)로 검열을 통과하기만 하면 영상으로 관객들에게 행간을 읽게 하는 것은 얼마든지 가능하다고 보았고 이를 실행한 것이었다.

〈재와 다이아몬드〉가 당시 일본의 학생이나 지식인 들에게 준 영향은 엄청나서, 젊은 감독이었던 오시마 나기사大島渚나 요시다 요시시게吉田喜重의 작품에 모방으로 보이는 장면이 자주 보일 정도이다.

폴란드 역사와 깊이 관련되어 일본인에게는 꽤 난해한 이 두 작품이 높은 평가를 받고 인기를 끈 것에 대해 감독은 이렇게 말한 바 있다.

"일본의 전통에서는 영웅이 되는 것은 패자이고 그 때문에 〈지하수도〉나 〈재와 다이아몬드〉는 일본에서 이해되었다, 라고. 유럽의 전통에서는 패배는 마이너스이지만 일본에서는 패배한 자에게 정의가 있는 경우가 있고 폴란드 사람들도 또 그랬던 것입니다."(바이다, 『영화와 조국과 인생과…』(凱風社, 2009). 일본, 폴란드 양국에는 '패배의 미학'이라는 공통의 문화가 있다는 주장이다.

감독은 일본인에 대한 팬 서비스 차원에서 이렇게 말한 것은 아니다. 1987년 감독은 교토상(과학이나 문명의 발전에 공헌한 사람을 현창하는 국제상)을 수상하고 수상 소감에서 "나는 지금 받은 교토상의 상금 전액을 크라쿠프국립박물관의 일본 관련 컬렉션을 위해 기부하겠습니다."라고 말했다. 그리고 그 말 그대로 1994년 11월 '일본미술기술센터'는 옛 도시 크라쿠프에 문을 열었고, 지금의 '일본미술기술박물관'으로 바뀌었다. 감독은 진정한 친일적 인물로 가부키 배우인 한도 타마사부로坂東玉三郎를 주역으로 도스토예프스키의 『백치』를 원작으로 하는 〈나타샤〉의 무대 공연을 한 적도 있다(1989년).

감독에게는 〈대리석의 남자〉(1977), 〈철의 남자〉(1981)처럼 검열관과의 치열한 갈등 끝에 겨우 탈락을 면한 작품도 있었다. 〈삼손〉(1961), 〈코르차크 선생〉(1990), 〈성聖 주간〉(1995)처럼 유대인과 홀로코스트의 문제도 제작의 중요한 모티브였다. 감독은 국내외의 문예작품을 애호하여 〈자작나무 숲〉(1970), 〈혼례〉(1972), 〈약속의 땅〉(1974), 〈악령〉(1988) 등도 완성하였다.

1989년에는 완전한 자유선거로 행해진 상원의원 선거에 입후보하여 당선되었다. 정치가가 되는 것이 목적이라기보다 자신이 선두에 섬으로써 폴란드 자유화를 촉진시키기 위한 출마였다. 감독은 '폴란드의 양심' 그 자체였던 것이다.

고희를 넘어서도 창작욕은 쇠퇴하지 않아 〈판 타데우

시 이야기〉(1999), 〈복수〉(2002), 〈카틴 숲〉(2007), 〈창포〉(2009), 〈바웬사, 연대의 남자〉(2013) 등 계속해서 대작을 세상에 선보였다. 말 그대로 '평생 현역'이었다.

2016년 10월 19일 크라쿠프에서 장례식이 거행되었다. 일본과의 교류도 깊었던 감독이니만큼 저승에서 구도 유키오工藤幸雄(폴란드 문학 연구자), 다카노 에츠코高野悦子(전 이와나미홀 총지배인), 구로사와 아키라黒沢明 감독 등이 모여 환담을 나누거나 영화·연극·문학론으로 격한 논쟁을 벌이고 있을지도 모르겠다.

폴란드는
어디를 향하고 있는가

제3공화정의 시작

1990년 12월 22일 바르샤바에서 폴란드 망명정부의 대통령 리샤르트 카초로프스키(1997년 7월 취임)로부터 대통령의 권력을 나타내는 인장이 바웬사에게 전달되었다. 이는 망명정부로부터 정권이 계속 이어진다는 의미였다. 이보다 앞선 1989년 12월 28일에 국회는 국명을 '폴란드공화국'으로 변경할 것을 가결했으므로 제3공화정은 이미 이때부터 시작되고 있었다.

1990년 11월 27일 대통령 선거 제1차 투표에서 바웬사에게 패한 마조비에츠키가 수상을 사임하였다. 12월 30일 '연대' 계열의 '자유민주회의' 의장인 얀 크시슈토프 비엘레츠키가 수상에 지명되었고 1991년 1월 12일 각료 명단이 발표되었다. 바르첼로비치는 경제장관을 유임하고 마조비에츠키 정권에서 경제개혁을 계속하였으나, 비엘레츠키 정권은 다음 해로 예정된 국회선거까지 선거관리 내각에 지나지 않았다.

1991년 10월 27일에 국회선거가 실시되었다. 완전한 자유선거였지만, 100개가 넘는 정당에서 입후보자를 내는 난립 선거이기도 했다. 1990년 12월, 방금 결성된 '민주동맹'이 하원에서 최다인 62석을, 구 통일노동자당의 명맥을 잇는 '민주좌익연합'이 60석의 의석을 얻었다. 비엘레츠키 내각은 12월 6일 총사직하고 얀 올셰프스키(중앙 연합)가 새 수상에 취임하였다. 수상과 대통령의 관계는 최악으로 치달아 바웬사는 수상 퇴진을 요구하였다.

하원에서 찬성 273표, 반대 119표, 기권 55표로 가결되어 1992년 6월 올셰프스키는 사직하였다. 다음 수상인 발데마르 파블라크(폴란드농민당)는 7월 1일에 하원에서 소신 표명을 하였으나 각료 구성에 실패하였다. 7월 11일 한나 수호츠카(민주동맹) 내각이 발족하였다. 수상과 대통령 관계는 우호적이었으나 1993년 5월 28일 '연대' 계열의 의원 아로이즈 베토시크가 낸 불신임안이 가결되어 정권이 무너졌다. 그러나 대통령이 국회해산과 9월 총선거라는 카드를 들고나와 그때까지(1993년 10월 26일까지)는 수호츠카 정권이 이어졌다.

1993년 9월 19일에 실시된 총선거에서는 민주좌익연합이 제1당(하원에서 171의석, 상원에서 37석)으로 폴란드농민당이 제2당(하원에서 36의석, 상원에서 132석), 민주동맹이 제3당 (하원에서 74석, 상원에서 4석)이 되었다. 수상에는 전년에 내각 구성에 실패한 파블라크가 지명되었다. 파블라크 내각에서는 바웬사 대통령과의 대립이 이어졌다(1995년 3

〈표〉 제3공화국의 역대 수상과 대통령 (202쪽)

대통령	수상(출신 정당)	수상의 임기
야루젤스키	마조비에츠키 ('연대'시민위원회)	1989.12~1991.01
바웬사	비엘레츠키 (자유민주회의)	1991.01~1991.12
	올셰프스키 (중앙연합)	1991.12~1992.06
	파블라크 (폴란드농민당)	1992.07
	수호츠카 (민주동맹)	1992.07~1993.10
	파블라크② (폴란드농민당)	1993.10~1995.03
크바시니에프스키	올렉시 (민주좌익연합)	1995.03~1996.01
	치모셰비치 (민주좌익연합)	1996.02~1997.10
	부제크 ('연대'선거행동)	1997.10~2001.10
	밀레르 (민주좌익연합)	2001.10~2004.05
	벨카 (민주좌익엽합)	2004.05~2004.06
	벨카② (민주좌익엽합)	2004.06~2005.10
L. 카친스키	마르친키에비치 (법과정의)	2005.10~2006.07
	J. 카친스키 (법과정의)	2006.07~2007.11
(대행)	투스크 (시민플랫폼)	2007.11~2014.09
코모로프스키	코바치 (시민플랫폼)	2014.09~2015.11
두다	시드워 (법과정의)	2015.11~2017.12
	모라비에츠키 (법과정의)	2017.12~2023.12
	투스크 (시민플랫폼)	2023.12~

월에 수상 사임). 후임 수상에는 민주좌익연합의 유제프 올렉시가 취임하였다.

1995년 바웬사 대통령의 임기가 끝나 11월에 선거가 치러졌다. 11월 5일의 제1회 투표에서는 과반수를 획득한 후보자가 없어, 11월 19일에 바웬사와 알렉산데르 크바시니에프스키(민주좌익연합) 사이에 결선투표를 하여 크바시니에프스키가 승리했다(51.72%).

바웬사는 임기가 끝나기 직전에 올렉시가 구 소련의 스파이였다는 문제를 제기하며 대통령직에 대한 우려를 표했으나 최종적으로 결과에 승복하였다.

크바시니에프스키 대통령

1996년 1월 25일 올렉시가 사임하고, 2월 1일 크바시니에프스키 대통령은 티모셰비치(민주좌익연합)에게 내각 구성을 명하여 2월 7일 내각이 발족하였다. 티모셰비치 내각은 다음 해 1997년 10월까지 이어졌다. 이후 예지 부제크(1997년 10월~2001년 10월), 레셰크 밀레르(2001년 10월~2004년 5월), 마레크 벨카(2004년 5월~2005년 10월) 등이 크바시니에프스키 대통령에게 수상 지명을 받았다. 부제크 내각은 '연대'선거행동('연대'와 좌익가톨릭 세력이 1997년 9월 총선거 때 결성한 선거 블록)과 '자유동맹'('민주동맹'과 '자유민주사회'가 합병하여 탄생)의 연립정부였다. 또 밀레르 내각은 민주좌익연합, 노동동맹, 폴란드농민당의 연립정부였다. 벨카는 우치대학의 경제학 교수로 1996~2001년에 대통령의 경제고문을 맡은 인물이다.

크바시니에프스키는 2기(1995년 12월~2005년 12월) 대통령을 역임하여 이 기간에 폴란드는 1999년 3월 북대서양조약기구(NATO)에, 2004년 5월 유럽연합(EU)에 가입하였다. 1996년 시인인 비스와바 심보르스카가 폴란드에서 네 번째로 노벨문학상 수상하는 기쁜 소식도 있었다(심보르스카 이전의 수상자는 1905년의 시엔키에비치, 1924년의 브와디스와프 레이몬트, 1980년의 체스와프 미워시). 1997년 10월 17일에 1952년의 헌법을 대신하는 13장 243조로 구성된 신헌법이 시행되었다.

카친스키 대통령

2005년 9월 25일 총선거가 실시되었다. 제1당에 '법과 정의'가 26.9%, 155석, 제2당에 '시민플랫폼'이 24.15%, 133석을 차지하였다. 민주좌익연합은 11.31%, 55석을 차지하여 제4당으로 크게 후퇴하였다. 수상에는 '법과정 의'의 카지미에시 마르친키에비치가 취임하였다.

그해 10월 9일과 10월 23일에 대통령 선거가 실시되어 카친스키(법과정의)가 도날트 투스크(시민플랫폼)를 하야시 키고 대통령에 선출되었다.

2006년 7월 레흐 카친스키의 쌍둥이 형인 야로스와프 카친스키가 수상에 지명되어 형제가 대통령 수상을 독 점하는 전대미문의 인사가 이루어졌다. 2007년 10월 21 일에 행해진 총선거에서는 시민플랫폼이 제1당(41.5%, 210 석), '법과정의'가 제2당(32.11%, 166석)이 되었고 투스크가 수상에 취임하였다.

2010년 4월 10일 스몰렌스크 근교에서 폴란드 대통령 전용기가 추락하여 대통령 카친스키 부처를 비롯하여 승 객, 승무원 96명 전원이 사망하였다. 이 전용기는 카틴 숲 사건의 추도식전을 향하던 중이었다. 악천후 속에서 여러 번 착륙을 시도하였다고 하나 러시아가 주최하는 식전에 대통령이 초청받지 못했기 때문에 자신들이 별도로 주최하는 식전을 성공시키고 싶다는 생각이 있었던 듯하다. 사고 원인은 밝혀지지 않았지만 폴란드에서 횡행하던 러시아 음모설은 아닐 것이다. 카틴 숲 사건과 이 비행기 사고를 연결 지어 생각할 필요는 전혀 없을 것이다. 다만 대통령 부처는 크라쿠프의 바벨 대성당에 안치되어 순교·순직이라는 측면이 강조되는 형태가 되었다.

코모로프스키 대통령 이후

폴란드공화국 헌법 제131조 제2항의 규정에 의해 카친스키 서거로 국회의장인 브로니스와프 코모로프스키(시민플랫폼)가 대통령에 취임하였다. 2010년에 실시된 대통령 선거에서도 코모로프스키가 선출되었다.

투스크 수상직 역임은 2014년 9월까지 이어졌고 그는 같은 해 12월부터는 EU수뇌회의 상임의장(EU대통령)도 맡았다. 투스크에 이어 시민플랫폼의 에바 코파치가 수상에 취임하였다.

2015년 5월에 실시된 대통령 선거에서는 재선을 노린 코모로프스키가 패하고 법과정의의 안제이 두다가 대통령에 올랐다.

2015년 10월의 총선거에서는 '법과정의'가 37.58%, 235석으로 제1당이 되어 11월 베아타 시드워가 수상에 취임하였다. 이 정권은 가톨릭 전통에 기반을 둔, 애국주의를 주창하는 우파 정권으로 반EU의 입장을 취하고, 국방 측면에서는 우크라이나의 위기 때문에 나토와의 관계를 중시한다.

반세기에 걸쳐 사회주의 정권 이후에 겨우 획득한 민주주의였으나 지금 폴란드에서는 이에 역행하는 움직임이 현저하다. 헌법재판소의 견제 기능을 약화시키려 하거나 보도 기관의 독립성을 제한하려는 움직임도 보인다. 또 이민이나 난민의 수용에도 소극적인 자세를 보이고 있다. 폴란드는 지금 어디로 향하고 있는가? '실패 후에 지혜로운 폴란드인'이라는 속담이 있는데 그 예지는 빛나고 있는가? (2023년 10월 15일 열린 폴란드 총선에서 도날트 투스크 전 총리가 야권 연합을 이끌며 8년 만에 법과정의당을 누르고 정권을 탈환했다-편집자주)

경제의 행방

폴란드가 EU 안에서 자랑할 수 있는 것은 생산연령인구의 풍부함이다. 게다가 35세 이하 인구가 전체 인구의 과반수를 차지하고 있다. 이 다수의 젊은 인구는 매우 매력적이고 지금의 폴란드 경제가 'EU'의 우등생이라고 일컫는 이유이기도 하다.

폴란드 경제가 호전된 배경에는 우선 값싼 노동력을 들 수 있다. 많은 외국 기업(일본 기업도 예외는 아니다)의 자본을 유치하였고 2004년에 EU에 가입함으로써 서방측, 특히 영국이나 아일랜드에서 취업하는 폴란드인이 급증하였다. 그 수가 영국에 100만, 아일랜드에 50만 정도라고 한다. 이러한 출가 노동자(화이트칼라도 있으나 단순노동 종사자가 압도적으로 많다)가 폴란드로 보내는 송금은 무시할 수 없을 정도로 크다.

폴란드인들은 서유럽 등지에서 발생하는 폴란드인에 대한 혐오 범죄를 한탄하지만 조국에서는 우크라이나인, 러시아인, 베트남인에 대해 정치적 정당성(차별적인 의미나 오해를 사지 않으려고 정치적으로 타당한 표현을 하는 것) 부분에서 문제를 일으키고 있다. 영국인이나 아일랜드인이 폴란드인에게 일자리를 빼앗기는 데 대해 우려하는 폴란드인들은 자국에서는 동쪽에서 온 외국인 노동자들에게 차별적인 자세를 취하는 경우가 많다.

영국이 EU로부터 정식으로 이탈할 때가 폴란드 경제에서 전환점이 될지 모른다. 영국에서 취업의 자유가 빼앗길 때 그곳에서의 폴란드인 노동자들은 어떻게 할 것인가? 대거 조국으로 돌아오지는 않겠지만 어느 정도는 귀국할 것이고 그러면 폴란드 국내에서의 혐오 범죄는 증가하지 않을까?

폴란드는 기에레크 정권에서는 차관으로 표면상의 번영을 구가하였다. 현재의 번영도 EU나 IMF(국제통화기금)로부터의 융자와 무관하지 않다. 자조 노력만으로 경제가 호전되는 게 결코 아닌 것이다. 문제는 경제의 톱니바퀴가 잘 돌아가지 않은 경우이다. 폴란드에서는 최근 수십 년 동안 전국 규모의 스트라이크는 일어나지 않았다. 그러나 폴란드의 노동자들에게 스트라이크만큼 '매력적인' 것은 없다. 이 나라에는 스트라이크를 행사함으로써 자신의 요구를 관철시켜온 역사가 있다. 계엄령 선포로 혼란스러웠던 시대를 겪지 못한 세대가 과반수를 차지하는 젊은 폴란드에서는 나라를 흔들 정도의 대중운동이 재연할 가능성, 언제라도 있지 않을까?

칼럼 – 바르샤바봉기기념관

바르샤바봉기기념관 설립 구상은 정치적 이유 때문에 다년간 실현될 수 없었다. 스탈린 사후 '해빙'기(1956년)에 설립 논의가 있었으나 실제로 1981년까지는 움직임이 없었다. '연대'운동의 영향으로 '바르샤바봉기기념관 설립 사회위원회'가 조직되었다가 1981년 12월 13일 계엄령 시행으로 수포로 돌아갔다. 1983년 당시의 바르샤바 시장 메치스와프 덴비츠키는 바르샤바시역사박물관의 분관으로 봉기기념관을 만들 구상을 밝히면서 전시품의 모집이 시작되었다.

1984~94년에는 바르샤바봉기기념관을 이전의 봉기군의 거점의 하나였던 벨란스카 거리에 세우기로 하고 준비를 진행하고 있었다. 1984년 당시 바르샤바시역사박물관 관장이던 야누슈 두르코는 폴란드건축가협회와 연대하여 봉기기념관의 디자인을 공모하였다. 1986년에는 콘라트 쿠차 쿠친스키, 안제이 미크라셰프스키, 즈비그네프 파보프스키의 공동 설계가 채택되어 1994년에 준

공식까지 거행되었다가 소유지를 둘러싼 분쟁이 일어나 건축의 완성까지 이르지 못했다.

상황이 바뀐 것은 2002년에 레흐 카친스키가 바르샤바 시장이 당선되면서부터였다. 그는 바르샤바 봉기 60주년 기념일까지는 기념관을 개관하겠다고 공약하였던 것이다. 다음 해 2003년 7월 얀 오크바코프스키가 기념관 설립 대표로 임명되어 시 발전소 터에 기념관을 건립할 계획을 결정하고 8월에 건축 디자인을 다시 공모하였다. 10월에 응모작 13점 가운데 보이치에흐 옵트보비치의 디자인이 채용되었다. 11월에 전시품을 모집하자 2천 점이 넘게 모였고, 2004년 4월에 기념관이 착공되었으며, 3교대 24시간 체제로 작업한 끝에 2004년 7월 31일 개관하였다.

바르샤바봉기기념관 입장에서 기존의 바르샤바군사박물관이나 바르샤바시역사박물관과의 공존이 과제라면 과제일 것이다.

후기

이 책을 집필 중에 몇 번이나 데자뷰(기시 현상)와 같은 느낌을 받았다. 어떤 사건에 대해 쓰다 보면 이것은 이미 쓴 게 아닐까 하는 감각이다. 조사해보면 실제로 비슷한 사실이 일어나고 있는 것이다. 폴란드인에 의한 유대인 박해 및 학살은 예드바브네 사건(1941년), 키엘체 사건(1946년), 3월 사건(1968년)이 그러하고, 대중이 지도자를 열광적으로 받아들인 사건으로는 피우수트스키나 고무우카(복귀의), 바웬사의 경우가 그러하다. 노동자의 폭동으로는 1970년과 1980년이 비슷하다. 역사적으로 보면 앞의 사건이 교훈이 된 경우도 있지만 그렇지 않은 경우도 있어 인간 행동의 불가사의함을 보는 기분이다.

추오코론사의 나미키 미츠하루並木光晴 씨로부터 집필 의뢰는 2015년 5월에 있었다. 신서 정도의 분량이라면 금방 쓸 수 있을 거라는 가벼운 마음으로 받아들였지만 막상 작업을 해보니 생각지도 못하게 힘든 작업임을 실감하였다. 폴란드 연구자인 만큼 폴란드사의 기초 지식은 갖고 있으나, 어떤 시대는 잘 알아도 다른 시대는 그렇지 않는 등 제 자신이 갖고 있는 지식의 편차를 의식하며 다양한 문헌을 참조하면서 탈고까지 2년 이상이 걸렸다. 그동안 질책과 질정을 아끼지 않고 끈기 있게 필자의 원고를 기다려준 나미키 씨에게는 심심한 사의를 표하는 바이다. 이 책에서 필자는 기본적인 사실은 거의 다루었다고 생각하나 전문가들한테선 이것도 부족하고 저것도 빠져 있다는 말을 들을지 모르겠다. 모든 책임은 필자에게 있으며, 독자 여러분의 날카로운 지적을 기다리겠다.

와타나베 가츠요시 渡辺克義

역자 후기

한국에서 서양 유럽 지역의 역사라고 하면 대부분이 영국, 프랑스, 독일이나 이탈리아, 스페인 등등의 국가는 쉽게 떠올리지만 폴란드라고 하는 국명이 등장하는 것은 굉장히 낯설다고 할 수 있다.

역자의 개인적인 기억 속에서는 대학생 시기에 역사를 공부하면서 제2차 세계대전에서 독일의 나치에 의해 자행되었던 유대인 박해, '홀로코스트'의 상징적인 존재였던 아우슈비츠 수용소가 폴란드에 있었다는 다소 의아하고 이해가 되지 않았던 기억이 있다.

폴란드 역시 제2차 세계대전 당시 독일의 점령하에서 엄청난 시련을 겪었던 나라로서 대전이 끝난 이후에도 미국과 소련이 주도하는 동서 냉전의 틈바구니에서 갖은 고난을 경험한 나라, 그래서 더 한국과 유사한 현대사의 족적을 느낄 수 있는 동병상련의 국가라는 생각을 한 적도 있었다.

또 한국과 일본에서 공동으로 개최된 2002년 축구 월

드컵을 기억하는 독자라면 당시 한국과의 개막전의 상대가 폴란드였고 한국이 축구 월드컵 본선에서 사상 첫 승을 거둔 상대 국가가 바로 폴란드였다는 것을 기억하고 있으리라.

하지만 한국인들에게 폴란드 국가는 아주 생소하고 낯선 단어이다. 특히 기존의 세계사 교과서에서도 비중 있게 다루지 않은 지역이라 한국 독자들이 쉽게 받아들일 수 있도록 번역해야 하는 난제와 씨름하였다.

근대사를 전공하는 역자에게 폴란드는 홀로코스트가 자행되었던 아우슈비츠나 〈피아니스트〉 같은 영화 등으로 어두운 이미지를 많이 갖고 있었다.

하지만 역사교과서 문제로 한·일 역사학계에서 논쟁이 고조되고 다양한 연구를 시도하던 때 폴란드와 독일 사이의 역사교과서 문제가 부각되면서 폴란드에 대해 새롭게 바라보게 되었다.

독일과 러시아 같은 강대국 사이에서 전쟁의 참화를 고스란히 겪은 폴란드가, 전쟁을 일으키고 고통을 안겨 준 독일과 오랜 기간 역사교과서를 같이 쓰면서 화해하고 미래지향적인 관계로 나아가려 애쓰는 모습은 한국과 일본의 역사 문제에 시사하는 바가 매우 크다는 생각을 했다.

그렇지만 한국에서 폴란드 역사, 사회, 문화, 폴란드인 등을 다룬 전문적인 저서는 극소수에 불과하고 종합적인 폴란드 역사에 대해서 알아볼 수 있는 방법이 매우 어렵다는 현실에 직면하게 된다.

이러한 이유 등으로 번역의 대상으로 선택한 책이 바로 일본의 폴란드역사 연구자인 와타나베 가츠요시(渡辺克義) 교수가 저술한 『폴란드 역사 이야기 동유럽 '대국'의 고난과 재생(物語ポーランドの歴史—東欧の「大国」の苦難と再生)』이었다.

일본어로 저술된 폴란드의 역사를 한국어로 번역한다는 심리적인 압박감과, '중역(重譯)'이라는 작업이 얼마나 지난한 것인지를 뼛속까지 느끼게 해주는 번역 과정을 거치면서도, 한편으로 우리가 자주 접할 수 없었던 동유럽의 폴란드에 대해서 알아가는 과정은 피로감에 대한 위로가 되기도 하였다.

이 책의 저자인 와타나베 가츠요시 교수는 현재 일본 야마구치(山口)현립대학교 교수로서 폴란드의 역사와 문화, 폴란드어학 등을 전공하고 있는 역사 연구자이다. 일본에서도 유수한 폴란드 연구자로서 명망이 높다. 이 책

이외에도 폴란드 역사와 문화에 대한 수많은 저서와 역서가 있다.

이 책의 저자는 일본의 폴란드 근대사 전공자로 방대한 폴란드 역사를 일반 독자들이 이해할 수 있도록 평이하면서도 간략하고 밀도 있게 엮어내었다. 그는 저항, 좌절, 봉기로 점철되면서도 굴하지 않는 것을 '폴란드적'이라고 표현하며 희망적 미래에 대한 기대를 숨기지 않는다.

나라가 사라진 시대도 있을 정도로 파란만장한 드라마 같은 역사의 파도를 당당히 맞서 온 폴란드인들의 이야기가 오늘의 많은 난제에 시달리며 보다 나은 내일을 모색하는 우리에게 조금의 용기와 위안이 되었으면 하는 바람이다.

원저가 일본어 서적인 관계로 일본 독자들을 상정하고 쓰여진 책이라 어색한 표현이나 관점의 차이 또한 많을 것으로 생각된다. 최대한 자연스러운 표현으로 바꾸고자 노력하였다.

한국인 독자의 입장에서 유럽 한복판 사람들의 역사이야기를 지적 호기심을 가지면서도 또 비판적으로 읽어주시면 역자로서 더할 나위 없는 영광이 아닐까 생각한다.

주요 참고문헌

- 이에모토 히로카즈, 『폴란드 '탈사회주의'로의 길, 체제 내 개혁에서 체제 전환으로(ポーランド「脱社会主義」への道 体制内改革から体制転換へ)』, 나고야대학 출판회, 1994년

- 이토 다카유키, 『폴란드 현대사(ポーランド現代史)』, 야마카와출판사, 1988년

- 이토 다카유키·이우치 도시오·나카이 가즈오 편, 『폴란드·우크라이나·발트 역사(ポーランド·ウクライナ·バルト史)』, 야마카와출판사, 1998년

- 이토 다카유키·미나미츠카 신고·NHK취재반, A. 둡체크 『NHK스페셜 사회주의의 20세기(NHKスペシャル 社会主義の20世紀)』 제3권, 닛폰방송출판협회, 1990년

- 우메다 요시타다 편, 『동유럽사(東欧史)』, 야마카와출판사, 1958년

- 오자키 준지, 『기억하는 바르샤바 저항·봉기와 유대인 원조 조직 '제고타'(記憶するワルシャワ 抵抗·蜂起とユダヤ人援助組織ZEGOTA「ジェゴタ」)』, 코요출판사, 2007년

- 오자키 준지, 『바르샤바 봉기 1944년의 63일(ワルシャワ蜂起 1944年の63日)』, 도요쇼텐, 2011년

- 오자키 준지, 『바르샤바로부터 기억의 안내서 트레블린카, 티코친, 바르미르이, 플르슈크헤(ワルシャワから記憶の案内書 トレブリンカ、ティコチン、パルミルィ、ブルシュクフへ)』, 오차노미즈쇼보, 2016년

- 카지 사야카, 『폴란드 국가와 근대사 돔브로프스키의 마주레크(ポーランド 国家と近代史 ドンブロフスキのマズレク)』, 군조샤, 2016년

- 가토 히사코 『교황 요한 바오로 2세의 말씀 1979년 최초의 조국 순례(教皇 ヨハネ パウロ二世のことば 一九七九年 初めての祖国巡礼)』, 도요쇼텐, 2014년

- A. 가르릴츠키(와타나베 가츠요시·다구치 마사히로·요시오카 준칸 역), 『폴란드 고교 역사교과서【현대사】(ポーランドの高校歷史教科書【現代史】)』 아카시쇼텐, 2005년

- A. 기에이슈토르 외(도리야마 나루토 역), 『폴란드 문화사(ポーランド文化史)』 코

분토, 1962년

- S. 케니에비치 편(가토 가즈오·미즈시마 다카오 역), 『폴란드사(ポーランド史)』 코분샤, 1986년

- M. 퀴리(기무라 쇼이치 역), 「퀴리 자서전(キュリー自伝)」 『인생의 명저8』, 야마토쇼보, 1968년

- Y. 크오론·K. 모젤레프스키(시오카와 요시노부 역), 『폴란드공산당에 대한 공개장 반관료혁명 증보](ポーランド共産党への公開状 反官僚革命[増補]』, 타쿠쇼쿠쇼보, 1980년

- J. T. 그로스(소메야 도오루 역), 『아우슈비츠 이후의 반유대주의 폴란드에서의 학살사건을 규명한다(アウシュヴィッツ後の反ユダヤ主義 ポーランドにおける虐殺事件を糾明する)』, 햐쿠스이샤, 2008년

- 고모리타 아키오, 『체제전환과 법 폴란드의 길에 대한 검증(体制転換と法 ポーランドの道の検証)』, 유신토코분샤, 2008년

- 고야마 테츠, 『바르샤바연맹 협약 1573년(ワルシャワ連盟協約 一五七三年)』, 도요쇼텐, 2013년

- J. K. 자보드니(나카노 고로·아사쿠라 가즈코 역), 『사라진 장교들 카틴 숲 학살사건(消えた将校たちカチンの森虐殺事件)』, 미스즈쇼보, 2012년

- 시바 노부히로·이토 다카유키·미나미츠카 신고·나오노 아츠시·하기와라 나오토 감수, 『신판 동유럽을 아는 사전(新版 東欧を知る事典)』, 헤이본샤, 2015년

- A. 쇼베르(야마모토 도시로 역), 『폴란드사(ポーランド史)』, 햐쿠스이샤, 1971년

- 시로키 다이치, 『근세 폴란드 「공화국」의 재건 4년의회와 5월 3일 헌법으로의 길(近世ポーランド「共和国」の再建 四年議会と五月三日憲法への道)』, 쇼류샤, 2005년

- 시로키 다이치 『1971년 5월 3일 헌법(一七九一年五月三日憲法)』 군조샤, 2016년

- 다카하시 료, 『폴란드의 9년 사회주의체제의 붕괴와 그 이후 1986~1995(ポーランドの九年 社会主義体制の崩壊とその後 1986~1995)』, 카이분토출판, 1997년

- 다쿠치 마사히로, 『폴란드 체제전환론 시스템 붕괴와 생성의 정치경제학(ポーランド体制転換論 システム崩壊と生成の政治経済学)』, 오차노미즈쇼보, 2005년

- 다쿠치 마사히로, 『현대 폴란드 경제발전론 성장과 위기의 정치경제학(現代 ポーランド経済発展論 成長と危機の政治経済学)』, 오카야마대학경제학부, 2013년
- 다무라 스스무, 『증보개정 폴란드 음악사(増補改訂 ポーランド音楽史)』, 유잔가 쿠출판, 1991년
- J. M. 체하노프스키(우메모토 히로시 역), 『바르샤바 봉기 1944(ワルシャワ蜂起 1944)』, 치쿠마쇼보, 1989년
- 츠지타니 나오토, 『폴란드 문화사 노트(ポーランド文化史ノート)』, 신도쿠쇼 샤, 1985년
- N. 디이뷔스(소메타니 도오루 역), 『바르샤바 봉기 1944(ワルシャワ蜂起 1944)』, 햐쿠스이샤, 2012년
- 나카노 켄코오, 『격동했던 폴란드 계엄령하의 바르샤바 1년 7개월의 실록(激動したポーランド 戒厳令下のワルシャワ 1年7ヵ月の実録)』(비매품), 1984년
- 나카야마 아키요시, 『근대 유럽과 동유럽 폴란드 계몽의 국제관계사적 연구(近代ヨーロッパと東欧 ポーランド啓蒙の国際関係史的研究)』, 미네르바쇼보, 1991년
- 나카야마 아키요시·마츠카와 가츠히코 편, 『유럽사 연구의 새로운 지평 폴란드로부터의 시선(ヨーロッパ史研究の新地平 ポーランドからのまなざし)』, 쇼와 토, 2000년
- M. 하르토프(니시노 츠네오·와타나베 가츠요시 역), 『폴란드 영화의 역사(ポーラン ド映画史)』, 가이휴샤, 2006년
- E. 파와슈=루트코프스카·A. T. 로멜(시바 사토코 역), 『일본·폴란드 관계사(日本·ポーランド関係史)』, 쇼류샤, 2009년
- 한도 히로시, 『폴란드 혁명사 연구 1월 봉기에 있어서 지도와 농민(ポーラ ンド革命史研究一月蜂起における指導と農民)』, 아오키서점, 1968년
- 한도 히로시 편, 『현대 폴란드의 정치와 사회(現代ポーランドの政治と社会)』, 일본국제문제연구소, 1969년
- 한도 히로시, 『폴라드인과 러일전쟁(ポーランド人と日露戦争)』, 아오키서점, 1995년
- 한도 히로시, 『유럽에서의 폴란드인(ヨーロッパにおけるポーランド人)』, 아오키 서점, 1996년
- 한도 히로시, 편 『폴란드사논집(ポーランド史論集)』, 산세이도, 1996년

- 한도 히로시, 『세계 속의 일본·폴란드 관계 1931~1945(世界のなかの日本 ポーランド関係 1931~1945)』, 오오츠키서점, 2004년
- 히로세 요시가즈, 『폴란드를 둘러싼 정치역학(ポーランドをめぐる政治力学)』, 케이소쇼보, 1993년
- 후쿠시미 치호, 『브레스트교회 합동(ブレスト教会合同)』, 군조샤, 2015년
- Z. 헤르만 외 편(세키구치 도키마사, 시게가와 사네노리, 히라이와 리호, 니시다 사토코 역), 『쇼팽 전 서간 1816~1831년-폴란드 시대(ショパン全書簡 1816~1831年—ポーランド時代)』, 이와나미서점, 2012년
- M. 보프쉔츠카(와타나베 가츠요시·가스야 아이코·오가와 반카이코 역), 『주옥같은 폴란드 회화(珠玉のポ⊥フンド絵画)』, 소겐샤, 2014년
- 마츠가와 가츠히코, 『유럽 1939(ヨーロッパ1939)』, 쇼와토오, 1997년
- C. 미워슈(세키구치 도키마사·니사 마사히코·누마노 미쓰요시·하세미 가즈오·모리야쓰 다쓰야 역), 『폴란드 문학사(ポーランド文学史)』, 미치타니, 2006년
- S. 미코와이치크(히로세 요시카즈·와다나베 가츠요시 역), 『빼앗긴 조국 폴란드 미코와이치크 회고록(奪われた祖国ポーランド ミコワィチク回顧録)』, 주코신쇼샤, 2001년
- 미나미츠카 신고, 『동유럽혁명과 민중(東欧革命と民衆)』, 아사히신문사, 1992년
- 미나미츠카 신고·미야지마 나오키, 『89 동유럽혁명(89 東欧改革)』, 고단샤, 1990년
- 하야자카 마사토, 『이스탄불 동방 기관 폴란드의 망명 애국자(ィスタンブ 東方機関ポーランドの亡命愛国者)』, 지쿠마쇼보, 1987년
- 후지이 가즈오, 『폴란드 근대경제사 폴란드 왕국에서의 섬유공업의 발전 1815~1914년(ポーランド近代経済史ポーランド王国における繊維工業の発展 1815~1914년)』, 일본평론사, 1989년
- 미야자키 유, 『폴란드 문제와 도모프스키 국민적 독립의 파토스와 로고스(ポーランド問題とドモフスキー国民的独立のパトスとロゴス)』, 홋카이도대학출판회, 2010년
- 미야지마 나오키, 『폴란드 근대정치사 연구(ポーランド近代政治史研究)』, 츄오대학생협출판국, 1978년
- 야다 도시다카 편, 『동유럽사(東欧史)』(신판), 야마카와출판사, 1977년

- 야마다 토모코, 『중동유럽사 개론(中東欧史概論)』, 하라쇼보, 2001년
- 야마모토 도시로 · 이우치 도시오, 『폴란드 민족의 역사(ポーフンド民族の歴史)』, 산세이도, 1980년
- W. 야루젤스키(구도 사치오 감역), 『폴란드에서 살다 야루젤스키 회고록(ポーランドを生きる ヤルゼルスキ回想録)』, 가와데쇼보신샤, 1994년
- 요시오카 준, 『싸우는 폴란드 제2차 세계대전과 폴란드(戦ぅポーランド第二次世界大戦とポーランド)』, 도요쇼텐. 2014년
- J. 루코프스키 · H. 사봐츠키(고오노 하지메 역), 『폴란드의 역사(ポーランドの歴史)』, 소토샤, 2007년
- 와타나베 가츠요시, 『카틴 숲과 바르샤바 봉기 폴란드 역사의 재조명(カチンの森とワルシャワ蜂起 ポーランドの歴史の見直し)』, 이와나미서점, 1991년
- L. 비웬사(치쿠시 데츠야 · 미즈타니 하야오 역). 『바웬사 자서전 희망으로의 길(ワレサ自伝 希望への道)』. 사회사상사, 1988년
- 『익명의 갈 연대기 중세 폴란드의 연대기(匿名のガル年代記 中世ポーランドの年代記)』, 아라키 마사루 역, 아소출판, 2014년

- *Archiwum Prezydenta Warszawy Stefana Starzyńskiego,* oprac. M.M. Drozdowski, Warszawa 2004.
- J. Basista, T. Czekalski, D. Kalwa, J. Poleski, K. Stopka, *Kalendarium dziejów Polski. Od prahistorii do 1998,* Kraków 1999.
- W. Bartoszewski, *Warszawski pierścień śmierci 1939-1944. Terror hitlerowski w okupowanej stolicy,* Warszawa 2008.
- J. Bąk, *Ilustrowana historia Polski dla najmlodszych*, Warszawa 2013.
- A. Borkiewicz, *Powstanie warszawskie 1944. Zarys dzialań natury wojskowej,* wyd II, Warszawa 1964.
- St. Broniewski, *Pod Arsenalem*, Warszawa 1957.
- St. Broniewski, *Akcja pod Arsenalem*, Warszawa 1983.
- B. Chiari, *Die polnische Heimatarmee. Geschichte und Mythos der Armia Krajowa seit dem Zweiten Weltkrieg,* München 2003.
- A. Chwalba, T. Gasowski (red), *Slownik historii Polski 1939-1948,*

Kraków 1994.

- M. Czajka, M. Kamler, W. Sienkiewicz, *Leksykon historii Polski*, Warszawa 1995.
- A. Czubiński, J. Topolski, *Historia Polski*, Wroclaw 1988.
- N. Davies, *God's Playground: A History of Poland*, Oxford, 1981.
- L. Dąbkowska-Cichocka (red.), *Katalog Muzeum Powstania Warszawskiego*, Warszawa 2006
- *Documents on Polish-Soviet Relations, 1939-1945,* General Sikorski Historical Institute, vol. I-II, London, 1961, 1967
- M. K. Dziewanowski, *Poland in the 20th Century*, New York, 1977
- J. Eisler, *Zarys dziejów politycznych Polski 1944-1989*, Warszawa 1992
- *Encyklopedia staropolska*, oprac. A. Brückner, Warszawa 1990
- *Encyklopedia Warszawy*, red. St. Herbst i in., Warszawa 1975
- *Encyklopedia Warszawy*, red. B. Petrozolin-Skowrońska i in., Warszawa 1994.
- W. Falkowski I in., *Historia Polski. Atlas ilustrowany*, Warszawa 2016.
- J. Garliński, *Polska w drugiej wojnie światowej*, Londyn 1982
- K. Grünberg i in., *Historia od X-XX wieku. Kronika wydarzen. Polska i sąsiedzi*, Toruń 1992.
- K. Hovi, *Puolan historia*, Keuruu 1994.
- История Польши, иод редакцией В. Д. Королюка, И. С. Миллера, П. Н. Третьякова, т. I-III, Москва 1956-58.
- N. Iwanow, *Powstanie warszawskie widziane z Moskwy*, Kraków 2010.
- A. Karlikowski, *Nasze nazwiska*, Warszawa 2012.
- J. Kirchmayer, *Powstanie Warszawskie, wyd. VII*, Warszawa 1973.
- H. von Krannhals, *Der Warschauer Aufstand 1944*, Frankfurt am Main 1964.

- A. Krzemiński, *Polen im 20. Jahrhundert*, München 1993.
- J. Krzyczkowski, *Konspiracja i powstanie w Kampinosie 1944*, Warszawa 1961.
- E. Kumor, *Wycinek z historii jednego życia*, Warszawa 1967.
- W. Kurkiewicz, A. Tatomir, W Żurawski, *Tysiąc lat dziejów Polski. Kalendarium*, Warszawa 1979.
- J. Kuron, J. Żakowski, *PRL dla początkujących,* Wroclaw 2001.
- A. Kwiatkowska-Viatteau, *Varsovie insurgee 1944*, Bruxelles 1984.
- R. E. Leslie (ed.), *The History of Poland since 1863*, Cambridge, 1980.
- J. S. Majewski, T. Urzykowski, *Przewodnik po powstańczej Warszawie*, Warszawa 2007.
- St. Okęcki, *Cudzoziemcy w polskim ruchu oporu 1939-1945*, Warszawa 1975.
- E. Olczak (ed.), *A Painted History of Poland*, Warsaw, 2013.
- A. Paczkowski, *Pól wieku dziejów Polski 1939-1989*, Warszawa 2000.
- *Powstanie warszawskie. Antologia tekstów nieobecnych, oprac. J. Marszalec, J. Z. Sawicki,* Toruń 2004
- H. Rollet, *La Pologne au XXe siècle*, Paris 1984.
- K. Rymut, *Nazwiska Polaków*, Wroclaw - Warszawa - Kraków 1991.
- K. Rymut, *Nazwiska Polaków. Slownik historyczno-etymologiczny, t. I-II*, Kraków 1999
- G. Sanford, A. Gozdecka-Sanford, *Historical Dictionary of Poland*, NewYork - London, 1994
- Секреты польской политики 1935-1945 гг., сост. Л. Ф. Соцков, Москва 2010.
- W. Sienkiewicz, *Maly slownik historii Polski,* Warszawa 1991.
- A. Skrzypek, *Mechanizmy uzależnienia. Stosunki polsko-*

radzieckie 1944-1957, Pułtusk 2002.

- P. Stachiewicz, *Akcja „Kutschera ", wyd. II poszerzone,* Warszawa 1987.
- T. Strzembosz, *Akcje zbrojne podziemnej Warszawy 1939-1944,* Warszawa 1983.
- J. Topolski, *Zarys dziejów Polski,* Warszawa 1986.
- M. Tymowski, *Najkrótsza historia Polski,* Gdańsk 1993.
- M. Tymowski, J. Kieniewicz, J. Holzer, *Historia Polski,* Paryż 1986.
- M. Wach (Hg), *Der Polnische Film. Von seinen Anfangen bis zur Gegenwart,* Marburg 2013.
- J. Walek, *Dzieje Polski w malarstwie i poezji,* Warszawa 1987.
- L. Wysznacki, *Warszawa zbrojna 1794-1918, 1939-1945,* Warszawa 1979.
- H. Zamojski, *Jak wywoiano powstanie warszawskie? Tragiczne decyzje,* Warszawa 2013.
- J. M. Zawadzki, *1000 najpopularniejszych nazwisk w Polsce,* Warszawa 2002.
- M. Zima, *Węgrzy wobec Powstania Warszawskiego,* Pruszkow 2015.

폴란드 간략 연표

연도	사항
9세기 중엽	포라네족을 중심으로 평원부 통일 진행
966년	미에슈코 1세가 그니에즈노를 중심으로 폴란드 통일. 피아스트 왕조 시작
1025년	폴란드 왕국 성립
1241년	몽골군 침입, 레그니차 전투
1320년	브와디스와프 보케텍, 폴란드 왕으로 즉위
1333년	카지미에시 3세(대왕) 즉위
1364년	크라쿠프대학 창립
1370년	카지미에시 3세 사망, 피아스트 왕조 단절
1374년	코시체의 특권
1386년	야드비가가 리투아니아의 요가일라 대공과 결혼. 요가일라가 폴란드와 브와디스와프 2세가 되어 야기에우워 왕조 시작
1410년	그룬발트 전투
1505년	니힐노비 법
1537년	닭 전쟁
1569년	루블린 회합
1572년	야기에우워 왕조 단절. 국왕자유선거제 시작
1573년	바르샤바연맹 협약
1596년	부제시치 리테프스키 교회 회동
1648년	프메르니키의 난 시작
1652년	리벨룸 베트가 처음으로 행사됨
1655년	폴란드-스웨덴 전쟁(대홍수) 시작
1683년	얀 3세 소베스키가 빈을 포위한 튀르크군을 격퇴
1700년	북방전쟁 시작
1764년	스타니스와프 아우구스트 포니아토프스키가 즉위
1772년	러시아·프로이센·오스트리아에 의한 제1차 분할
1791년	5월 3일 헌법 제정

연도	사항
1793년	러시아, 프로이센에 의한 제2차 분할
1794년	코시치우슈코 봉기 발발
1795년	러시아·프로이센·오스트리아에 의한 제3차 분할. 폴란드 멸망
1807년	바르샤바공국 성립
1815년	빈회의에 의해 폴란드왕국, 포즈난대공국, 크라쿠프공화국 성립
1830년	11월 봉기 발발
1836년	포와티에 선언
1846년	크라쿠프 봉기. 갈리치아의 학살 일어남
1848년	제국민의 봄. 포즈난, 갈리치아 민권운동 발발
1863년	1월 봉기 발발
1905년	바르샤바와 우치에서 스트라이크 발생
1914년	폴란드 군단 결성
1916년	독일, 오스트리아 황제가 폴란드 세습왕국의 창설을 선언
1918년	폴란드 독립
1919년	베르사유조약에서 폴란드공화국 인정받음. 소련과 국경(커즌선)이 결정됨
1920년	폴란드-소비에트 전쟁 시작
1921년	3월 헌법, 리가조약
1926년	5월 쿠데타
1935년	4월 헌법, 피우수트스키 서거
1939년	독일군에 이어 소련군이 폴란드 침공, 바르샤바 함락
1940년	망명정부가 런던으로 이전. 카틴 숲 사건 발발(발각은 1943년)
1942년	폴란드노동자당 성립. 국내군 결성
1943년	바르샤바 게토 봉기
1944년	폴란드국민해방위원회 발족. 바르샤바 봉기
1945년	바르샤바 해방. 거국일치내각 성립
1946년	키엘체사건
1948년	고무우카, 폴란드노동자당 서기장 해임당함(후임 서기장은 비에루트). 폴란드노동자당과 폴란드사회당이 합동하여 폴란드통일노동자당이 성립
1952년	폴란드인민공화국헌법 제정
1956년	2월의 소련공산당 제20회 대회의 흐루쇼프의 스탈린 비판을 계기로 비스탈린화가 급속도로 진행됨. 포즈난 폭동. 고무우카가 폴란드통일노도자당 제1서기로 취임.

연도	사항
1957년	폴란드와 일본의 국교 회복
1968년	3월 사건 발발
1970년	12월 사건의 책임을 지고 고무우카 정권 실각. 후임으로 기에레크가 제1서기로 취임. 적극적인 외자 도입 시도
1976년	6월 사건 발발
1978년	보이티와 추기경이 로마교황으로 선출됨(요한 바오로 2세)
1980년	정부에 의한 식육 가격인상으로 전국에서 항의 스트라이크 발생. 그단스크에서 독립자주관리노조 '연대'발족. 미워슈, 노벨문학상 수상
1981년	계엄령 도입. '연대'간부의 체포
1983년	계엄령 해제. 바웬사, 노벨평화상 수상
1987년	국민투표 실시. 정부가 제안한 경제개혁 동의 얻지 못함
1989년	원탁회의 개최. '연대'의 재합법화. 국회의원 선거의 실시 결정. 첫 자유선거에서 '연대'가 압승. 마조비에츠키가 수상 취임. 헌법개정, 국민의 직접선거에 의한 대통령 선거 도입. 정부가 시장경제 도입 등을 골자로 하는 경제재건계획 발표. 국명을 '폴란드공화국'으로 결정
1990년	폴란드통일노동자당 해당. '연대'분열. 바웬사 대통령에 선출됨
1993년	총선거, 민주좌익연합과 폴란드농민당이 승리
1995년	대통령 선거, 크바시니에프스키가 승리
1996년	심볼스카, 노벨문학상 수상
1999년	폴란드, NATO에 정식 가맹
2004년	폴란드, EU에 정식 가맹
2005년	대통령 선거, 레흐 카친스키가 승리
2010년	카틴 숲 사건 70주년 추도식전을 향하던 정부 전용기가 추락, 카친스키 대통령 부부를 포함한 승무원·승객 96명 전원 사망. 코모로프스키가 대통령에 취임
2014년	투스크, EU수뇌회의 상임의장(EU대통령)에 취임
2015년	대통령 선거, 두다가 승리
2023년	총선에서 도날트 투스크 전 총리가 야권 연합을 이끌며 8년 만에 법과정의당을 누르고 정권 탈환.

폴란드 역사
-당신이 몰랐던 동유럽의 대국-

초판 1쇄 인쇄 2024년 4월 10일
초판 1쇄 발행 2024년 4월 15일

저자 : 와타나베 가츠요시
번역 : 서민교, 정애영

펴낸이 : 이동섭
편집 : 이민규
디자인 : 조세연
영업·마케팅 : 송정환, 조정훈, 김려홍
e-BOOK : 홍인표, 최정수, 서찬웅, 김은혜, 정희철, 김유빈
관리 : 이윤미

㈜에이케이커뮤니케이션즈
등록 1996년 7월 9일(제302-1996-00026호)
주소 : 08513 서울특별시 금천구 디지털로 178, 1805호
TEL : 02-702-7963~5 FAX : 0303-3440-2024
http://www.amusementkorea.co.kr

ISBN 979-11-274-7376-1 04920
ISBN 979-11-7024-600-8 04080 (세트)

MONOGATARI POLAND NO REKISHI:
TOUOU NO "TAIKOKU" NO KUNAN TO SAISEI
by Katsuyoshi Watanabe
copyright © Katsuyoshi Watanabe, 2017
All rights reserved.
First published in Japan by CHUOKORON-SHINSHA, INC.

This Korean edition published
by arrangement with CHUOKORON-SHINSHA, INC., Tokyo
in care of Tuttle-Mori Agency, Inc., Tokyo.

*잘못된 책은 구입한 곳에서 무료로 바꿔드립니다.

AK 인문 시리즈